國家圖書館出版品預行編目資料

幸福在我之內／王理書著. －－初版二刷. －－臺北市:
三民, 2011
面;　公分. －－(LIFE系列)

ISBN 978-957-14-5404-7　(平裝)

1. 修身 2. 幸福

192.1　　99019132

© 幸福在我之內

著作人	王理書
責任編輯	周明怡
美術設計	陳健茹
發行人	劉振強
發行所	三民書局股份有限公司 地址　臺北市復興北路386號 電話　(02)25006600 郵撥帳號　0009998-5
門市部	(復北店) 臺北市復興北路386號 (重南店) 臺北市重慶南路一段61號
出版日期	初版一刷　2010年10月 初版二刷　2011年3月
編號	S 521110

行政院新聞局登記證局版臺業字第〇二〇〇號

ISBN　978-957-14-5404-7　(平裝)

http://www.sanmin.com.tw　三民網路書店

幸福在我之內

Life

生命・生活・生涯

精神・活力・新生

發現生命的價值　肯定生命的可貴

Life

叢書出版緣起

現代人處在緊張、繁忙的生活步調中，在承受過度心理壓力而不自知的情況下，逐漸形成生理與心理疾病，例如憂鬱、躁鬱、失眠等，這種種的問題，不僅呈現在個人的身心層面，更可能演變成為家庭破碎的悲劇，甚至耗費莫大的社會成本。我們從近年來發生的自殺、家暴、卡債族、失業問題等種種新聞中，不難發現問題的嚴重性，這些可能正發生在你我身邊的真實生命故事，也讓許多人不禁發出「我們的社會究竟怎麼了」的喟嘆！

面對著一個個受苦而無助的靈魂，我們能夠為他們做些什麼？而身為對社會具有責任的文化出版者，我們又能為社會做些什麼？這一連串的觀察與思考，促使我們更深刻地反省，並澄清我們的意念，釐清我們想帶給社會一些什麼樣的東西，讓臺灣的社會，朝向一個更美好、更有希望，及更理想的未來。以此為基礎，我們企畫了【LIFE】系列叢書，邀集在心理學、醫學、輔導、教育、社工等各領域中學有專精的專家學者，共同為社會盡一分心力，提供社會大眾以更嶄新的眼光、更深層的思考，重新認識自己並關懷他人，進而發現生命的價值，肯定生命的可貴。

要解決問題，必須先面對問題、瞭解問題，更要能超越問題。從這個角度出發，【LIFE】系列叢書透過「預防性」與「治療性」兩種角度，對現代人所遭遇的心理與現實困境，提出最專業的協助，給予最真心的支持。跳脫一般市面上的心理勵志書籍、或一般讀物所宣稱「神奇」、「速成」的效用，本叢書重視知識的可信度與嚴謹性，並強調文字的易讀性與親切感，除了使讀者獲得正確的知識，更期待能轉化知識為正向、積極的生活行動力。

值得一提的是，參與寫作的每位學者，不僅在學界與實務界學有專精，最令人感動的是，在邀稿過程中，他們與三民同樣抱持著對人類社會的理想與熱情，不計較稿酬的多少，願對人們的身心安頓進行關照，共同發心為臺灣社會來打拼。我們深切地期望三民【LIFE】系列叢書，能成為現代人的心靈良伴，讓我們透過閱讀，擁有更健康、更美好的人生。

三民書局編輯部　謹識

推薦序1：愛的修練術

愛的複雜性是難以想像的。在臺灣，愛經常被渲染成某種偉大、令人感動的「情感」，甚至有人把「愛」當作論述的底線，不再深化「愛」的豐富性，使得愛除了說「這就是愛」之外，就瘖啞了。雖然有些人喜歡引《聖經》來說明「愛是什麼」，但也只流於修辭之詞。

愛本是活活潑潑的生命活動，充斥於萬物之間，支配著萬物的繁衍、成長與死亡。人類如何用他的意識來接應「愛」，可說是千變萬化，而理書則單刀直入，直接將愛活活潑潑的能量激活起來。這種激活是需要身心技術的。

激活「愛」的技術是一種深入情懷的轉化工夫，而非只是秉持天生的憐憫與惻隱。主要是因為人世間的求名爭利，使得我們發展出某種硬殼，狠下心來把頭轉過背離受苦的同胞，心中怨恨而對「愛」嗤之以鼻。因此，我們在成年之後反而必須重新學習這套轉化的工夫。

轉念是入門的工夫。要不要轉念不是「能不能」的問題，而是「想不想」的問題。人在受苦時容易同情受苦的人，容易轉念，所以轉念是感覺的優先轉向，而非認知轉向，這一點理書把握得很好。其實理書可能有某種宗教的天賦，雖然學了正統的美式諮商輔導，但卻能毫不為之所動，這在臺灣的諮商師中很少見。

理書天生對感覺的細緻變化很敏感，她也非常善用她的敏銳，但那不是智性的敏銳而是宇宙胸襟的敏銳。此種敏銳在現實是非常尷尬的，但她的「愛的修練術」卻讓她如履青雲。

我自己在美國接觸諮商師的經驗，發現好的諮商師其實是好的宗教師，比較不計較人間是非，甚至有點不食人間煙火。第一次碰見理書，我就發現這股熟悉的味道。她的行文之間，有時會讓人覺得「情」得過分，其實，我的體會是：這是宗教的氣息。這種宗教無須上帝，亦非觀音，而是煦然大度、天地與歸，這種宗教亦無須名目，而是立心所在，宗教旨歸。

至於讀本書，我奉勸讀者無須太認真，隨手翻來，細品數頁即可闔上。此書的入讀在「心」不在字，不能當知識，而是當「夥伴」。

余德慧　序於慈濟大學宗教與文化研究所

推薦序2：最大的推薦，來自最深的感謝

我當理書老師的學生很久很久了。看過年少時被朋友暱稱「仙女」和一路到現在，無論在幾百人的講堂或十幾人的團體，呈現大地之母般開闊、靜謐、寬容的老師。這些年，經驗老師各種形式的團體：「生死學」、「家族排列」、「草綠」、「回到光中」等，在不同的團體看到不同生命在歲月裡受苦難磨折，渴望脫困重生。迭經蛻變、不同面向的老師，以底層同樣堅韌質地的溫柔、飽滿的愛與信任敞開，做承接和帶領。

在讀《幸福在我之內》時，腦裡不斷閃過這些年經歷的生命轉折。生命裡，最折磨而且痛徹心肺的，往往來自於最親密的人與關係；但給人最多支持且成為生命最大支撐的，同樣來自於最親密的人和關係。經由這些年老師的引領，我看到也懂了這些。原本的我有著得理不饒人的性情，表達方式暴烈強悍，很久前在老師的團體說「上老師的課後，感覺是被廢了武功」，其實最精準的說法是，我不再需要那些傷人的武功了。沒有任何傷人的話語，不會傷到自己。我由書裡的事例對應自己生命裡一路走來的艱辛，也重溫對關係的信任與愛，看見自體的圓滿。懂得了愛與渴求，若是往外呼喊，只會聽到回音；但若是由心裡看見、聽見，然後扎扎實實地活出來，幸福就會被

完成。

書裡寫的種種關係困境，若是以張香華的詩來看，最接近的心情應是這段：

為荒野遺棄
為閃電吆喝、鞭笞
為暴風雨橫掃
為茫茫雪途驚恐、震懾
為煉獄的劫火所炮烙過的
曾經，我們都是行路難道上的
苦絕的畸零人

因為老師的陪伴，讓我這個「苦絕的畸零人」的苦沒有白挨。而何其有幸，曾經給我方向、為我開啟各種可能的話語，如今轉化成文字，帶來溫暖與力量。我喜歡書上舉「小英的故事」說明幸福在我之內的核心理念——要得到愛，先要去愛別人，也喜歡老師以讓孩子們先看到快樂結局的方式，讓孩子們能安心去看過程中的挑戰艱辛。

對生命的信任何嘗不是如此？若我們了解也深信苦難背後必有祝福，就能更有勇氣穿過迷霧，迎向生命的核心，回歸原本就圓滿的自己，同時開創過程中的其他可能。

由《幸福在我之內》我領略到「幸福是一種信念和態度，而非事件」。而信念和態度，可以透過看見、學習，而被建立與改變。所以，我們再也不會不幸福了（每次讀到這句話就會落淚，因為接收到好深好深的、對生命的祝福和信任）。

書裡的某些情節曾經讓我和其他朋友流淚，現在透過老師書寫、成為獨立出去有自己生命故事的段落，閱讀時最貼近的感覺，是余光中的〈白玉苦瓜〉：

一首歌，詠生命曾經是瓜而苦

被永恆引渡，成果而甘

由「行路難道上苦絕的畸零人」到故宮的「白玉苦瓜」，關於生命最大的蛻變與祝福，我覺得再沒有比這更讓人歡喜與感謝了。所以說，我最大的推薦，來自我最深的感謝。

對生命、對理書老師。

（作者卓惠珍，在建設公司當代書和法務，滋養日常豐盛；在生命線、家庭教育中心當協談志工，滋養生命福分；最愛以理書老師的學生自居，滋養生命喜悅。）

preface

自序

完成《養出有力量的孩子》之後，我的生活繼續著，當媽媽的生涯有許多歡樂與力量，夫妻生活加入孩子的照顧與教養，兩人要面對的挑戰越來越多。相較於當媽媽的揮灑與孩子給的好回饋，當老婆的我需要很多自省與覺知，才能一次次化解對立，回到親密，既不委屈自己又體貼丈夫。我的老公在溝通上律己甚嚴，他有許多守護爭吵時分的原則，很紳士地維持著我們的和平。而我則渴求更真實、更靠近的親密，嚮往無顧忌地有話直說。幾年下來，由於我更清明的內省，於是沒有什麼需要大聲了，而老公反倒因無懼於衝突也能有話直說。

我離開心理治療的典範，使用更多邀約光和愛的方法在助人工作上。邀約光與愛的方法，基礎在於捨下自我的執著，這些捨棄讓我敞開心房、讓愛綻放，而認了天父地母作為後靠後，恐懼一一清除，我經常感覺被愛所環繞，幾年內專心做夫妻的成果也顯得豐盛。於是我知道，寫書的時刻到了。但日常工作還是繼續著，滿滿的行程表，讓我無暇書寫。終於，我停下所有的工作坊，專心寫書。在開始寫的那一天，發生一件事，讓我有了這本書的點子。主題從原來的「親密大樹」改成了「幸福在我之內」。

開始動筆那天，騎腳踏車載女兒上幼稚園後回到家，在涼風的愉悅中，發現公寓門口有很多狗大便。車道前有幾坨，有些泡了水，還有車輪輾過的大便印子，氣味瀰漫在空中。有潔癖且對氣味超敏感的我想說，怎麼辦呢？幸福感被干擾了，要怎麼復原？不要理它自行上樓，樓上的家窗明几淨，還有鮮花呢！而我沒跟隨想法走，隨手就到自家汽車上拿塑膠袋，彎腰撿拾，綁成一團放好。又到公共儲藏室，拿起刷子和水桶，開始用水刷車道。刷呀刷的，潔淨的水讓我心情清爽起來，涼風吹來的氣息也乾淨了，但我想著一樓新鄰居沒有公德心，心裡還是悶悶的。

幸福在我之內，這狗大便的事情，要如何回到我之內，找到幸福呢？我的無法幸福之處，又是被什麼陰影蒙蔽著？在我放棄思慮，直接拿起刷子的那瞬間，幸福很簡單地被打開了。只要花幾分鐘，安然地刷洗與清理自家公寓大門，清爽好氣味就回來了。我的幸福來自於，不再區分人我或怪罪，簡單地說，就是把這房子當成自己的，把狗狗當成是自家的，清理就是了。

同時，我也有著「蒙蔽幸福的陰影」。憂慮著：日後呢？是不是得日日刷洗？一種無法掌控鄰居狗狗的焦慮如發霉的風一樣，不時來襲。

對於內在的流轉我熟悉了，嫻熟地觀照著憂思，猶如陽光一樣，照亮內在。修行這樣往內觀照的覺知，一次次在心理陪伴的現場帶著人往內走至心靈深處，應該是我從事諮商工作到靈性工作的二十年來，最深的功夫。而把憂思交託給更大的存在則是這幾年的新修行，學會「我負責自己能做的，把無法控制的交給神。」

因此，在那日，我把狗大便的事情交給宇宙大愛後，就擱下了。兩個月後，到了完稿的日子，樓下的狗大便，再也沒有困擾我了。鄰居的狗狗找到了大便的地方，固定下來，而那地方，正是主人的店面，主人勤於清洗，再也沒困擾到我們這些鄰居了。對於這樣美好的結局，我總視為恩典，並在心裡深刻感恩。這是「幸福在我之內」的神祕，當往內求，澄明清澈的光與愛進來以後，把外境交給更大的存有，做好準備，接受所有的可能並盡一切努力負起自己的責任，外在的幸福便經常會神奇地回應，環繞而來。

幸福的苗圃是否肥沃，在於內在修行。而幸福的實踐除修行外，婚姻關係確有原則可依循。本書共分為兩篇，上篇主內、下篇主外。從內在修行到外在人際實踐，幸福花園的茂密繁盛指日可待。

這本書的完成，仰賴親朋好友的支持。丈夫用整整一個暑假照顧孩子，讓我能在清晨即出門寫作，一個多月內，我一日要輪換三家咖啡店，甚至一天要寫十小時。女兒經常問：「媽媽，寫好了嗎？可以陪我嗎？」寫到酷暑的八月，覺得文思乾枯了，我組成女人談話圈圈，聽了許多婚姻中感人的故事。

幾個女人，說著婚姻的故事，我就好奇起來，這些女人是怎麼活出「幸福在我之內」？我感受到，無論年輕或成熟，即使在不同階段，裡面都種有幸福的因子。於是我問，那是什麼呢？然後，我歸納出這幾個特質：深情、惜福、感恩、有主體性、甘願（對命運說是）。

她們的談話是這樣的：「剛結婚時我好痛，痛到覺得除了自殺沒有他法了。可是我想起媽媽，媽媽當時反對這婚姻，是我堅持要嫁這個人。於是我想，是我要嫁給這人的，如果我離婚或自殺，那媽媽一定很後悔，我這麼愛媽媽，不能讓媽媽傷心。」就這樣，一轉念，撐過去了。二十年後的今天，她說：「妳問我怎麼會這麼深情，因為他很值得，這樣一個人妳看了就知道，為什麼我這麼愛他，他真的太值得我去愛。」

另外一個女人說：「最痛的那時候，我想『全世界只有我，是最有責任與權力來好好照顧自己、愛自己的。』即使外遇了，即使要破碎了，我的心是碎了，可是我可以選擇，去信任，去愛。」她說：「那時候雖然相信，這到谷底的事件可能是轉機，但我沒有想到，真的轉回來了。我們在很多時候，都有一種新的、戀愛的感覺。」

又一個女人說：「當時他沒辦法保護我，我一直耿耿於懷。等到我自己當了媽媽，感覺自己強悍地保護孩子，有時候也會覺得老公在某個程度，像自己的孩子一樣，需要我保護。但很奇妙的，我就看見他有好多好多地方，是我喜歡的，是他對我好的。而我也有很多很多地方，是被包容的，連我都不一定喜歡的，他都接納。就這樣有了信任，無論如何，我就要我們很好，而且，我們一定會很好。」

聆聽這些女人說話，我常會處在一種感動中。我著迷著，幸福最核心的因子是什麼？是一份與命運的和諧關係耶！白話一點叫做「甘願做與歡喜受」。這些女人，無論命運捎來的是什麼，能夠去痛，能夠去思考，還能夠柔軟，能夠堅持。我不禁再問：「是什麼讓妳們如此有力量？」

幾個女人聊啊聊，我們找到一個"peaceful home"——寧靜之歸所的比喻。幸福，需要一個寧靜之土。在寧靜之歸所裡，能跟自己和好，能接收到神性的愛光；在那裡有許多相信幸福的朋友或故事；在那裡，無論發生什麼，都帶著信任與希望；在那裡，我能與自身的力量連結。我聽著聽著，想起這本書的幸福花園。幸福花園是個冥想的內在世界，也是個天堂有光的所在，甚至是一群人願意一起讀書，實踐幸福，改變自己的支持圈圈。幸福花園，是你能放下所有過去，放下捆綁，放下幻想，回到當下的所在。

再怎麼樣，都要找出另一半值得我敬重之處。

無論如何，我知道我有選擇。

我不去問為何會遇到這樣的事，而問：在這裡我如何想，能回到寧靜？

我如何做，能創造幸福？

如果我覺得受傷了，我會問：我如何讓他的行為來傷到我？

此時此刻，愛要從哪裡來？

原來，愛不是誰能給我的。愛光是個源頭，我的心也是個源頭。

當關係在一種平衡，得到敬重，各安其所，愛之流就通暢了。

此刻，我要如何與更大的源頭連結，讓我回到愛中？

我有個寧靜的歸所，只要我開始吟唱，那土地就為我開放。

我有個寧靜的歸所，只要我想起圈圈裡相聚的朋友，我就記得我擁有的友誼與愛。

我有個寧靜的歸所，那是我內在深情與感恩之流啟動時。

我有個寧靜的歸所，只要我騎上單車，讓風與汗水在我的皮膚上歌唱。

我有個寧靜的歸所，當我打開全家幸福同遊的照片，我就記起我的愛。

我有個寧靜的歸所，當我和他擁抱，聽見彼此的心跳，牽起愛的手。

找出自己的寧靜歸所，每個人都有獨特的儀式，每個人都有自己的途徑與方法，能回到寧靜的歸所，在你需要時，為你開啟。

這本書，是深遠且細膩的幸福修行。它能陪伴你好久好久好久。雖然剛開始可能會覺得難，但在生命的不同階段再拿出來看時，你會有新的領會喔！

contents 目次

幸·福·在·我·之·內

02 許諾天長地久

第一篇 幸福在我之內

再也不會不幸福了，
因為，我已從無常的外境浮沉中穩住，
轉向內在永恆的幸福之光。

幸福如同花朵和芬芳大樹的芬多精一樣，是一種環繞著的氛圍與狀態，不是作為也不是物質。世俗眼光所見的幸福經常有刻板的故事，實則，幸福沒有一定的故事。因為，幸福有可能發生在任何情境或時刻，沒有太多條件。那些需要很多憑藉才能幸福的人，是遺忘了內在愛與光的源泉。當我們把眼光朝向外界，用外界的條件來評估幸福與否，或受外界的無常而浮沉，就會是「追尋幸福」而不是「回到幸福」。

我們說，外在世界的事物經常呼應了內心世界而顯像。外界的事物是災厄或是平安？是劫難或是機會？配偶的回應是批評或是真誠？是限制抑是關懷？有一半端賴於感受主體者的內心安穩與眼界而定。當我們內心的荒原能逐漸被自身的愛所滋養，而成為有綠意的花園，幸福與芬芳就會是尋常了。「回到幸福」說的是，當失去幸福感時我回歸內在滋養與轉化。當知曉幸福時，調整信念與行動而創造之。

「回到幸福」，說穿了，其實是亙久以來我們說的「回到本真，活出真我」吧！已經活出真我的人，是我所謂的分享之人——裡外都幸福。然而，幸福比活出真我容易，我們總會來來去去，回歸本真又離開，離開又醒悟再回歸。「幸福在我之內」，說的就是我的方向朝向回歸，我的認定由內來看。當我內在能回歸本真的純心與愛光，就已經在幸福中了。回歸本真的時刻只在當下，若當下無覺察則又很快失去，落回世俗的浮沉。但內心的意向與決定則可以是恆常的，在每個離開本真的時刻在覺知後而回歸，於是我又朝向幸福而前進。這一篇，描述如何轉向內，如何清醒，如何承認與看見那更深的自己，以及回歸幸福的性格涵養。

第一章

幸福在我之內

當你在愛中，當你發自內心的愛而行動，當你全然在行動中而忘我，
幸福就環繞著你，你就成為幸福的光源，散發出幸福之光。

我不是在幸福之中，就是在前往幸福的路上

幸福在我之內，說的是幸福與否由我來決定。幸福對我的定義是：當我以愛存在，用愛行動之時，我所被環繞的狀態，就是幸福。也就是，幸福與愛，是無法分開的，幸福與愛是互為表裡的一體結構。當我能醒悟到，我是愛的存有；當我能決意，用愛行動；當我的愛能穿透人格而不被阻礙，幸福就環繞著我。

你還記得有誰，不用做什麼、不用說什麼，就讓你感受到幸福嗎？或是，只要在他的附近，你就能感受到寧靜，感覺到心的溫暖與喜悅？還記得，看著初生嬰兒的眼睛嗎？擁抱著嬰兒柔軟的身軀，嗅聞他的獨特氣味？還記得，遇到慈悲至極的師父、禪修者、神父……，置身在這些智者或修行人的身邊，不曉得為什麼有一種安心，有一種安在，有一種回到家的感覺？若你仔細回憶，你曾經有過這樣愛的觸動。很多人，只要停留在他身邊，你就放鬆，就安然了，無須趕路。在那瞬間，你與呼吸同在，這就是幸福的片刻，時間在霎那間暫時停止。你忘記日常的煩憂，暫時停止與生命的抗爭，被那純淨的愛吸引著，來到此刻。以愛臨在❶的人，輕易地就與你內在的愛共鳴，

於是你也變成愛的存在，被幸福所環繞。

活著，我們都在行動：說話、吃東西、運動、看美女、擁抱、掃地、喝飲料、打架、做愛、開車、洗澡、唱歌、觸摸、換衣服、跟別人比較、數錢、畫畫、上網、看書、親吻、作計畫等。

但很多時候，我們不是以愛行動。舉「看美女」這例子好了。荷爾蒙活躍的男人看著美女，內在流動的可能是色慾與渴求；自卑於自身外表的女人看美女，內在流動的可能是感慨或嫉妒；天真的孩子看著美女，內在流動著的，也許是純然的喜歡或喜悅；一個造形設計師看著美女，內心可能正在盤算，自己如何調整這美女的造型，將她展現給世人欣賞。

這些例子裡，誰用愛行動？有沒有可能，即使有慾望或恐懼，愛還能穿透？再舉「掃地」的例子，清潔工人掃地時，內心流動著的，也許是開心、也許是疲憊、也許他正盤算著，下班後要去哪裡買菜；經常感覺被犧牲的家庭主婦在掃地時可能在哀怨與自憐；歡喜迎接客人的咖啡店老闆，掃地時可能正在欣喜於環境的美好。「用愛行動」

❶「以愛臨在」在第 131 頁有詳細解釋與練習喔！

的純淨在世間難得，做愛也是。做愛時投入肢體感受，嗅聞伴侶的體味，流動在喜悅中感受到激情與愛意，這是迷人時光。而大部分人的做愛都不夠專注，妓女帶著冷漠做愛；家庭主婦帶著分心做愛；男人帶著征服慾做愛。

於是，你能明白，行動是中性的，動機與人格才是行動所傳遞的能量。幸福不是取決於「做什麼事」，而是「我流動著什麼」。當我在愛中，當我用愛來開啟行動，我就是幸福。倒杯水給一個敬愛的老師喝，是幸福；為所愛的家人掃地，感受到潔淨所帶來的舒適，是幸福；全心投入於閱讀，感受到文字帶來的生命力，是幸福；為孩子換尿布聽見孩子咯咯笑著，也是幸福；囚禁在監獄的囚犯，用心寫著家書，給無法見面的家人，感受著內心與家人的聯繫，笨拙地透過文字想要傳遞這份思念與愛，這也是幸福。

幸福不取決於外，而取決於內。幸福的關鍵，不決定於你置身什麼樣的情境、做什麼事，而在於那個行動中的你，內在的狀態，與所啟動的源頭。當你在愛中，當你發自內心地愛而行動，當你全然在行動中而忘我，幸福就環繞著你，你就成為幸福的光源，散發出幸福之光。這幸福之光能感染周圍的人事物，環繞你的都是幸福。

所以，幸福的努力，就不再只是外在的追尋，更是內在的修行。

那麼「不相信幸福，對世界懷恨在心」、「經常被負向意念與情緒所困擾」、「經常被慾望所啟動，掉落於失望的匱乏深淵」、「性格衝動，易怒愛搞破壞」的人們，也能夠幸福嗎？「我不是在幸福之中，就是在前往幸福的路上」，對這些人來說也是如此嗎？或是一般平凡人，有些時候在愛中，有時落在愛之外；有時相信幸福，有時出於恐懼而行動；有時無欲而慈愛，有時卻充滿慾望和失望，這樣平凡的我們，也能「幸福在我之內」嗎？

幸福，有很多層次。廣告商所詮釋的幸福，通常都是幸福的物質層次，擁有一部豪華的汽車，開著這部新車在林間小路回家，孩子們在後座笑著，老婆坐在身邊很溫柔。這是幸福的外顯層次，是物質層面的。但這個層面的幸福，卻不是幸福唯一的故事，也絕對不是幸福所必要的條件。這個例子，只是幸福彰顯在外的其中一種樣子，千百萬種幸福樣貌的其中一種。許多人受到廣告的影響，會以為買了車就會有幸福，而立下心願，要為家裡買一部好的房車，開車帶孩子們出去玩，好帶來幸福。事實上，即使沒有車，不一定能全家開車出去玩，也會有幸福的其他可能；因為，這不是幸福的條件，而是幸福的彰顯。

我們的核心本質是愛。愛是「光的臨在」，如同神一樣的特質。無論是誰，乞丐、富翁、小偷、聖者、孤兒或幸運兒，內在都是明亮的燈火，只不過，每個人的燈罩長得很不一樣。有些人的燈罩無比厚重，暗淡無光，讓人絲毫感受不到燈火的通明與美麗；有些人的燈罩透明而單純，就像嬰兒一樣，哪個角度看來都是光。不同人有不同的燈罩，因而，我們從外界感受到的光明與亮度都是不一樣的。但終極的內在本源，都是明亮如太陽的燈火。

幸福的定義是：「當我以愛存在、用愛行動之時，我所被環繞的狀態，就是幸福。」轉化為燈火的比喻就是：「當我連結著光，行動時光自然流露，我與內在之光共鳴，我的周遭盡是被光吸引而來的人事物，這就是幸福。」也就是說，當我能意識到內在的光與愛，並讓這份光與愛透出環繞或充滿我，我就已經在幸福的本質之中。當外界的人，被我的光與愛所吸引，而靠近我，幸福就顯現了。環繞我身邊的，是我吸引而來的。幸福的內在吸引來幸福，哀怨憤怒的內在吸引來辛苦。只不過此刻環繞我的，是過去的我吸引來的，而我唯一能影響的，也就是此刻。幸福，從當下做起。

比方說，仰望天空的人大聲驚呼：「看，那顆星星正在爆炸。」旁人會說：「不是現在，那顆星星距離地球二十光年，它在很久前就已爆炸了。」很多遭逢重大災難的人會說：「我又沒做什麼壞事，怎麼會是我？」這種說法會讓人失去幸福，比較幸福的說法是：「無論如何，我遇到這種事了，讓我來看看，現在可以怎麼面對。畢竟，此刻『如何』回應，正是我的抉擇呀！」後者把焦點放在此刻，心裡安穩地知曉：「所有環繞著我的，都是被我吸引而來的，有些是我有覺知、有意圖召喚而來；有些則是我的無明、無知所吸引而來；另外，那些我找不到源頭的，來自遙遠的時空，即便因緣無從記憶，此刻的我敞開心即是轉化。」

有位女子說：

「我的生命裡，太多衝動與冒險，而這些衝動與冒險，不只吸引來各種危險的誘惑，還會吸引許多擔心，這些擔心都來自那些關心我的人。」

這樣的表白，很明顯是「幸福在我之內」的說法：沒有歸咎、沒有抗拒、沒有受苦，而有著看見、選擇，以及改變的決心。我陪她討論後，把這句子修整得更細緻，是這樣說的：

「自小，我爸媽有許多他們自己關心的事情，我一個人經常覺得孤單。慢慢地我長大了，我在世界闖蕩，有了好朋友、新工作，我發現，自己活得與爸媽很不一樣。最近，當我想要讓自己更幸福，我看見，原來我經常衝動而做出冒險的舉動，我還發現，這會吸引來許多擔憂。說出口，承認這些擔憂是自己吸引來的以後，我覺察到，原來那就是我小時候獲得愛的方式。每次我闖禍犯錯，爸媽的注意力就放到我身上了。雖然不怎麼舒服但還蠻好的，我會覺得被關心也不孤單了。我現在想想，這就是我，而這個衝動冒險的我，也為我的生命帶來很多突破，突破框框，走出小世界……我也承認，它同時為我的生命帶來許多不確定與受苦。現在說一說，那個孤單的感覺更清晰了，覺得有點想哭。」

於是我把雙手，放在她的心口，那個寂寞孤單居住的地方，我吟唱著神聖的歌曲，將愛引導流入那裡，放在她胸口的雙手感受到眼淚豆大地落下。過後，她說：「我覺得舒服而放鬆，覺得生命圓滿多了。」於是，我說：「原來我小時候，學會了使用衝動與冒險來吸引父母的關注與擔心，而現在我更成熟了，我知道，每當我感覺衝動想要冒險時，就是內在孤寂需要陪伴療癒的時刻。只要我用愛與光包圍著自己，環繞著自己，回到內在，我就不再需要衝動地去冒險，我能在愛中，突破舊格局，用愛與人連結。我只需要吸引純淨的愛就好，不需要再吸引帶著擔心的關懷了。」

在上面這例子裡，這女子用比兒時更成熟的眼光來看見：

♥承認：我已經決心在愛中了，但還經常吸引擔心和危險過來。

♥承認：我的愛很多時候還是會透過衝動冒險而行動。

♥看見：原來，這裡有我需要療癒的內在，就是孤單與寂寞。

♥看見：衝動冒險是過去我吸引愛的習慣，但由於不純淨，連擔心和危險都吸引來了。

♥相遇：幸福在我之內的新焦點是：當我衝動時，把愛帶給內在孤寂的自己，讓我的愛與傷相遇。

♥實踐愛：當我能在愛中安在了，我能決定我的行動，不再需要透過衝動而去冒險，我能透過安在而行動，在那個當下，為自己給出的負責。

從這例子，我們些微體驗到，此刻環繞著我的無論是什麼，我都要去承認與看見，並找到內在需要被療癒之處，讓愛深深流入那需要被療癒的自己，於是我知曉，生命裡有更多新選擇，有更大的自由，以愛臨在，用愛行動。

世俗之眼，只看到外顯的幸福；而心靈之眼能看見還沒外顯的幸福能量。這就是

本節的標題——我不是在幸福之中，就是在前往幸福的路上。

有些人，在世俗的眼中看來多災多難，但他們的內在卻是安然與充滿信心的，他們站在愛中，正一次次回到愛的臨在，一次次重新選擇透過愛而行動。這些人，我稱為「清醒之人」，無論幸福是否彰顯，都決心回到光中，用愛行動。

另外有些人，身邊環繞著各種平順與豐盛，這些也是此人過往吸引來的福分，但若疏忽大意，忘記把知覺的焦點轉回愛的臨在，而落在慾望或抱怨之中，那麼這些人，正在吸引著更多的慾望與負向能量。我會說，他們的本質依然是愛，只不過這些愛被遮蔽了，還沒穿透，這些人為「沉睡之人」。

而那些裡裡外外環繞著的，無論是心靈之眼或世俗之眼都能看見幸福的人，已走在幸福路上「以愛臨在，愛用行動」很久很久了，於是成為「分享之人」，成為轉化周圍人們視野的鏡子。

分享之人，即使做著很簡單的事情，如掃地、安穩地坐著，都散發著愛的能量。無論世俗之眼或心靈之眼都能感知到幸福，時時都在幸福之中。

清醒之人，正在快速被療癒著，一次次將苦轉為覺知，放下舊有的認知結構與執著，療癒自身，無論世俗之眼能否看見其幸福，心靈之眼能看見他們的每個腳步都轉向幸福，正在前往幸福之中。

沉睡之人，擁有幸福的無比潛能，正等待著被喚醒。輕盈一點的，被某本書或某種感動所穿透而喚醒；沉重一點的，生命會用各種際遇來喚醒之。沉睡之人，站在幸福之道的門邊，等著轉開手把打開旅程。

更精準地說，每個人在不同事件、不同主題，輪流在沉睡、清醒與分享間移動。以我自己為例子，我有三種角色：

♥當治療者的我，越來越純熟地，很多時候都在分享的時刻。

♥當媽媽的我，大部分都在清醒以及能分享的時刻，即使我對孩子發脾氣也在清醒之中，因此我帶著覺知，而不會讓負能量擴散，吸引來更混亂的情境。

♥當老婆的我，有一點點到了分享階段，有一半在清醒中而有一半在沉睡。當老婆的我，還是會怪罪老公，有時明知這樣做會很麻煩卻還是非任性不可。幸運的是，在結婚將近十年的今天，我們已經走過許多主題，於彼此支持下，在金錢的議題上我已經清醒了，在聊天的主題上我們很能分享，在家務分工上也逐漸走到清醒。然而，在各自小習慣癖好的包容上，我還是有許多沉睡時刻。

而我珍惜著當老婆的角色，這是此生的功課；至於療癒者與媽媽，則是我的天賦吧！天賦沒什麼了不起，是我之前已經修完的學分，帶著來此分享的，要更謙卑為之。功課才了不起，是許了諾不怕受苦，來此修行！

從沉睡到清醒，成為分享之人

來說個小故事，靈感來自印度的傳說，我加了細節：

一個乞丐，長年在街頭乞討，他坐在一個木箱子上，地上放著裝零錢的破碗，乞求路邊來往的人恩賜零錢。人來人往，有時收入還不錯，有時一整天下來，什麼零錢也沒掉下。有一天，來了個修行人。修行人特地蹲下來看著他，乞丐習慣了看別人的腳，第一次被人凝視著，他非常不自在，不安又焦慮。

這修行人問：「你屁股底下坐著的是什麼？」

乞丐雖然不安，倒回答得坦白：「白天，這是我的椅子；晚上，這是我的枕頭。這是我爸爸留給我的，除了碗之外，可以說是我唯一的財產了。」

修行人說：「你朝夕和它在一起，難道你從沒有打開過那箱子嗎？」

乞丐說：「我小時候還很好奇，拿著鑰匙，每天試啊試的，但從沒打開過，我爸爸說他七歲就放棄打開它了，我大概六歲就放棄了。我不知道，我爺爺是否成功打開過。」

修行人微笑，深情地凝視他：「你還想要把這個箱子和鑰匙傳給你的孩子，然後跟他說無論如何都打不開嗎？」

乞丐閉上眼睛：「先生，從來沒有人這樣看著我，對我說話。從小，我就跟著爸爸乞討，我媽媽很早就死了，我習慣看著別人的腳，以及從上面掉下來的錢，我害怕看人的臉，這是我今天才知道的。先生，你這樣認真跟我說話，我不禁想，我不要再當乞丐了，可以看著別人的眼睛，不用因為羞愧而逃開……讓我……讓我很清醒。我忽然覺得，今天才醒來，今天才出生。先生，你問到我的小孩，我還沒有小孩，不過，如果我有小孩，我會先把箱子打開，再傳給他。」

這修行人跟乞丐要了鑰匙，他把鑰匙放到乞丐的心口，吟唱著歌曲，不久後，鑰匙看起來不生鏽了，閃著微光。

修行人把鑰匙交還給乞丐，說：「你現在試試看。」

乞丐把鑰匙放到箱子的鑰匙孔，喀搭一聲，箱子開了，裡面是乞丐從沒見過的珠寶、琉璃、水晶、珍珠、瑪瑙。乞丐的眼花了，他愣住了好一陣子，一回神，發現修行人已經不見了，耳邊傳來修行人呵呵呵的慈悲笑聲：「那是你的寶藏，源源不絕，只要你清醒，你心中的火焰，就能打開那箱子。」

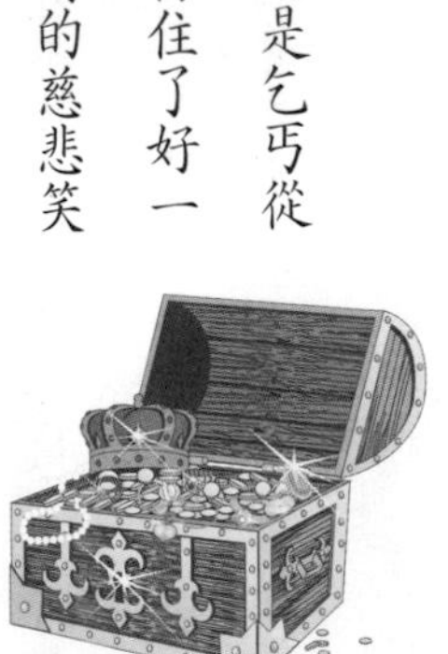

你也有一個箱子嗎？你打開過沒？裡面可是讓你富足一輩子的寶藏呢！你遺失鑰匙了嗎？還是你不曉得，心之火焰可以開啟的祕密？你準備好要認真凝視彼此的雙眼，不再被動地等待幸福掉下來嗎？你準備好清醒，不再想要沉睡了嗎？

幸福在我之內，世界也在我之內，那些外在世界的悲慘風光，也都在我內在世界有著種子。我們會成為乞丐或是富翁，端賴於我們是否能清醒地打開內在的寶藏，或是，坐在寶藏之上沉睡著。那寶藏隱喻了我們內在的本質——充滿著光的愛源。

無論是大善或大惡之人，這些愛光的本質都在。世俗之眼只能看見已經打開活用出來的，而心靈之眼能穿透表象，看見還深鎖在蒙塵箱子裡的寶光。大惡之人、悲慘之人的寶光與大善幸福之人無分別，唯一不同的是，清醒了沒？打開內在之光了沒？

將寶光活出來了沒？這份寶藏是久遠的傳承，來自最早的起源，每個人都是從神性光源分出來的光點而開始的。只不過，經過代代傳承，歷史文化的偏離，我們逐漸地遺忘了打開箱子的聯繫。

你決定要清醒了嗎？無論外境如何，都不再失去信心，堅定地與內心的愛之流連結，將愛活出來？當丈夫遲歸醉酒，你能不受影響，抉擇自己每個時刻的連結，是內心的無助憤怒，還是內心的安定與愛之光。同樣是坐在箱子上，你是連結到乞丐生鏽的鑰匙，還是連結到修行人發光的雙眼？

當你哀怨覺得世界對你不公平，當你覺得孤單、沒人愛你，當你辛苦覺得愛好匱乏，當你憤怒覺得非得咒罵不可，你就成了乞丐。放著內在的愛光不打開，只能乞憐於路人落下同情與關懷來愛你。

當你哀怨時搖搖頭，知道自己落入幻想中沉溺；當你孤單時深呼吸，連結到內心對自己的深愛；當你辛苦時停下來，知道有時你落入無名的恐慌所以做個不停；當你憤怒時轉動眼珠子，看見藍天闊海，放下執著的自以為是，你就成了發光的修行人。

用心之火焰，燃燒，使得哀怨、孤單、辛苦、憤怒被燒盡，而清出通道來，讓心之光流出，讓寶藏之盒開啟，知曉從今而後，再也不匱乏。

我們都一樣，坐著、枕著無比光亮的寶藏箱子。而沾黏在外的，有時是乞丐結構，有時是修行人結構。乞丐比修行人匱乏的，只是無知與無明罷了。而生命隨著外境流轉，當環境靜心，而臨在充滿智慧之光時，我們讓寶光從修行人之眼透出；當環境紛亂慾望流竄充滿抱怨時，我們抱著雙手保護自己封鎖了內在之光，幻想自己是乞丐。

「放下受苦，立地幸福」是決心從受苦的結構中離開，將焦點轉向內，連結內在的寶光使之活出來，讓幸福環繞著我，吸引著幸福，最後讓幸福彰顯。就在此刻，痛苦就能放下。痛苦不用等到我有錢了、等到我有空了才能放下。痛可以臨在著而不苦；恐懼可以臨在著而不慌亂；飢餓可以臨在著而不迷失；哀傷可以臨在著而不絕望；卑微可以臨在著而不自貶；上癮可以臨在著而不沉淪。當清醒的決心到來，當沉睡被覺知，就在那片刻，寶藏箱子就打開了。

三十多年前，改編自十九世紀法國作家赫克脫・馬洛（Hector Malot）的作品「En Famille」（英譯版本為「Nobody's Girl」）的台視卡通「小英的故事」，或許可以用來詮釋這樣的態度。

小英隨著媽媽旅行，從希臘到法國要去投靠唯一的親人，也就是爺爺。但是到了巴黎，媽媽病重離世，小英一個人帶著微薄的旅費和小狗小黃，自己出發了。

一路上，她遇到壞心的麵包店老闆娘，詐騙奪取她唯一的財產，她害怕地逃跑，到了安全的地方之後，什麼都沒想，累了就睡著了。當她身無分文時，她珍惜地吃下最後一口麵包，還慷慨地將大部分的麵包分給小黃，她說：「小黃，這是最後的麵包了，不過，我一定會有辦法的，我會去打工，什麼都能做，到時候我們就有麵包吃了。」

這一路旅行的艱辛貧困，一路的劫難，總有轉機出現。一對種西瓜的兄弟，機智地從麵包店老闆娘那裡，反詐騙地幫小英要回五法郎。沒有麵包以後，沒有農人願意僱用她，他們害怕小英假工作之名來田裡吃東西。終於她不支倒地，意識模糊地流下淚：「爸爸媽媽，我可能要去找你們了。」而她後來遇到了熱心、經營收購舊物生意的阿姨，陪了她一程，小英幫她沿街做生意，她提供小英吃住。

最後，她千辛萬苦終於來到爺爺身邊，卻發現爺爺的冷漠與孤單。她以匿名的身分先當女工，因緣巧合再當上祕書，深得爺爺器重，卻發現爺爺憎恨著她的媽媽，對這孫女毫無疼惜之情。她傷心、痛苦，但是心裡想起媽媽臨終前的遺言：「想要得到愛，先要去愛別人。」

「妳的爺爺一開始可能會排斥拒絕妳……」媽媽臨終前，睜開眼睛看著遠方，堅信地說：「媽媽已經看到……看到妳很幸福。」

當哀傷痛苦結束了，她繼續打起精神來，迎接明日。而她真心愛著爺爺，一開始是害怕被拒絕因而匿名，後來，遲遲無法承認自己是爺爺的孫女，則是害怕打擊爺爺，不忍告訴爺爺關於爸爸的死訊。

「想要得到愛，先要去愛別人」這是「幸福在我之內」的核心理念。而媽媽在死前看見的幸福畫面，成為小英內在的指引：「小英，我已經看見妳的幸福了。妳很幸福。」愛，已經在我之內，我負責將之傳出去；幸福，已經在我之內，我負責將之活出來。無論旅途中遇到什麼，壞人、貧困、疾病，會感到害怕、會做錯判斷、會逃跑、會無力。但在害怕時能感受到力量，在做錯判斷後繼續帶著信任往前走，在逃跑後安心休息，在無力放手時，只要有機會又勇敢認真活著。

生命本就禍福相依，橫難接下來會有轉機，而機會又會為我們打開人生的新路。「幸福在我之內」，那是無論如何都在幸福路上、在愛之中的人生態度，而吸引幸福所需具備的質地，在小英身上，我看到：信任、真誠、堅強、不怕吃苦、甜美、坦然、認真、不放棄、勇敢、關懷，這些其實是亙古不變的美好德行。人性其實有光與陰影同在，在害怕時放手害怕，鬆脫後安然會出現；在傷心時放心傷心，於是愛又會回來；在生命瀕臨死亡時相信著愛在前方，於是吸引愛來，回到生命之流。

我相信，那些還沒感受到幸福而困在受苦裡的人，是因為他們緊抓著那些防止受苦的盔甲不放，反倒封閉了心，碰不到內在的幸福之光；也受困在舊有的受苦記憶中，還使用著過時的保護策略，而遺忘那些能打開幸福的美好德行。「放下受苦，立地幸福」這句話模仿「放下屠刀，立地成佛」而說，立地成佛是個內在轉化，內心已經是佛了，而後，要好多年才逐漸活出那佛光，讓眾生皆能蒙惠。立地幸福也是個內在轉化，內心已經是幸福了，活出一點幸福之光後，還是會有更深層的受苦要放下，而後，我們又活出更多幸福。直到有一天，連身邊的人都能分享到你的幸福之光。

故事中的小英，最後不僅贏得了爺爺的接納，還成為分享之人。分享之人，在我的定義，是那些將幸福能量彰顯在外，而成為典範，能影響他人，分享幸福能量的人。

有一次，在爺爺的工廠區域發生大火，火災的房子是臨時托育的保母家，起火時保母正在喝酒，大火蔓延燒死了兩名幼兒，爺爺帶著關懷親赴火災善後的現場，卻被死去孩子的兩名婦人，在情緒失控下痛哭咒罵，含憤離去。

小英以祕書的身分建議爺爺，去參加小孩的葬禮，而爺爺很憤怒，孤單的爺爺也正在承受著遲來的喪子之痛，爺爺說：「我兒子的葬禮，有誰來參加了？」「想要得到愛，先要去愛別人。」這是媽媽教導我的，小英發自真誠，向爺爺吶喊出內心的聲音。在小英的感召下，爺爺從沉睡轉為清醒，他內在原有的美德成為行動的力量，開始將他擁有的豐盛物質，分享給鎮日為他工作的小人物。

小英的真情，帶著他轉動了知覺的角度，使他將心中對兒子的愛、對成為全法國最大紡織工廠的雄心轉向，將愛轉向這些他底下的員工，將雄心轉向建設工廠的附加設備，讓員工能安心工作。逐漸地，小英讓爺爺的心打開、眼睛看見。後來，爺爺蓋了幼稚園、員工宿舍、休閒俱樂部、公園。

這故事發生在工業革命才開始啟蒙的時代，在社會福利還沒成型的歲月，這是一場多麼美麗的大愛革命？

「幸福在我之內」啟動於從沉睡到清醒；「幸福在我之內」彰顯於從清醒到分享。清醒，是覺知內在的寶光，將焦點轉向內，決意不再封閉心之光，讓愛敞開。分享之路，則是一場淬鍊，不只在此時此刻敞開心，還需要讓心之光透過人格的美好德行，一步一步實踐成真。你還記得舞場或晚會常有的那種簡單的舞臺燈嗎？多面立體的旋轉燈具，上面有紅藍黃綠四色的小玻璃片，當燈具轉動時，裡面的光就會透過不同顏色的玻璃而發射出流轉的多彩燈光。掛在天花板或舞臺正上方的燈具轉動著，整個現場出現綺霓的變換光影，引導人們進入一種歡樂的興奮之中。

請你想像，當你打開寶盒之後，你發覺內在之光永恆持續地明亮著，但你的人格卻是轉動著的燈具，你的多面立方體，每一塊小玻璃上面不只是紅藍黃綠的色彩，而是過去記憶所刻劃下來的陰影。你的內在之光透過玻璃的陰影而出去，許多內在腳本投影出去，只有在幾片澄明無瑕的透光玻璃，才呈現出光之明亮本質。從沉睡到清醒，是一個轉念，這打開了封閉的箱子讓寶光得以透出，點亮了本質之燈，讓光得以照射。但從清醒到分享則是每個時刻的考驗與抉擇。外在情境會誘發我們的人格流轉，許多時候，即使我們的本質之光已經清醒了，但依然透過人格的陰影而流出。有時候，我們對孩子帶著愛，對配偶帶著渴望，但表現出來的言行，卻是被陰影或舊腳本所篩選而出的光與影。在光中有影，在影中透光，更是日常言行的真相。而修行，則是一次次擦拭那些舊有腳本的影子，直到愈來愈透光無瑕。

在演講「幸福在我之內」的現場，我邀約自願者：「誰有一段關係，你內心充滿著愛，但這份愛卻很難傳遞出去，經常遇到阻礙？而你願意上臺，讓我來邀約療癒能量流入？」有位中年婦女舉了手，她說：「我和大兒子的關係，需要被療癒。」

我使用了家族系統排列❷的方法，讓兩名聽眾代表這婦人與她的大兒子。在臺上，兩個人分別受到不同的牽引，無法安然站立，想要凝視的眼睛，以及想要接近的雙手，被無形的動力阻擋著。我使用祈禱光的方式邀約能量流入這關係裡，我們看到，母親對孩子極深的愛，要靠近卻同時又被無明的牽引力拉開。那份掙扎與深愛，感動了我，也撼動許多現場親臨演講的人。舉手的婦人表示，光觀看著代表呈現她與兒子的深層動力，她就全身顫抖發麻到無法動彈。

這場排列所揭櫫的，是埋藏在實踐愛的決心之下，要面對的艱辛。在演講現場，我說：「我們永遠不知道，這條愛的實踐之路，這場回歸幸福的修行，要面對的、要療癒的，有多麼深遠，有多少陰影要被看見與穿透？所以，我們一定要『和好』，與那

❷ 相關內容可參見第七章。

老是做得不夠好的自己和好，與那經常讓你受傷的所愛之人和好，與那很難臣服與理解的荒謬命運和好。」要成為分享之人，第一步就是與命運和好。對於來到眼前的命運，凝視與臣服。這凝視與臣服，會讓療癒的能量更順暢地流入。於是，當陰影被光照透逐漸消融時，不再遮蔽光與愛的實踐時，就從清醒來到了分享狀態。

在排列的最後，我邀請婦人，對著排列的結構做出交託與臣服的動作。她趴下向排列現場頂禮，伸出雙手，掌心朝上：「親愛的神性之母，我將這些創傷、我與兒子之間的阻礙、過往我不知曉的記憶與困難，都交到您的手上，交給您的慈悲大愛，交給您神性的雙手。」這婦人起身後，表示：「我現在全身放鬆而溫暖。」而排列的代表們，真實地感受到，在那與命運和好的時刻，內在流過的暖流與和平，內在新生的輕盈與自由。

「幸福在我之內」換成有圖像的想像是「陽光在我之內」，你相信暗夜或陰天時，陽光依然存在嗎？親密沒有一定的格式：對立衝突的伴侶、形同陌路的婚姻、所託非人、不婚、離婚、喪偶……，都還有內在和平與幸福時刻。我決定：就在當下，那些來到我眼前的所有情境，透過活出愛，來感受親密。那些已經過去的、不再是我能努力的，無論何時湧上心頭，我都能臣服收下，與之和平相處。於是，我的愛之實踐道路就更踏實，烏雲散去後，臨在的光就透亮了。

幸福停看聽

1. 請舉一個自己的例子，說明世俗之眼不覺得你有多幸福，但你內在非常幸福的事例。
2. 請列舉出你生活裡各種活動或各個角色，是沉睡、清醒或分享。
3. 就舞臺燈為例，你的舞臺燈，燈上頭的玻璃片中：
(1) 大多是在什麼情緒狀態？
(2) 常會有的陰影是什麼？

第二章

幸福在我之內的「Do Me So Do」

當你能如其所是地全面性承認外境與自己的反應，並述說出來，就啟動了幸福的開關。現象一旦被靜心的眼睛凝視，虛妄的表象就會一層層脫落，揭露我們非面對不可的深層真實。

承認—看見—相遇—實踐愛

幸福在我之內，要讓自己在不同的生活面向，讓沉睡的清醒，讓清醒的成為分享，在與人相愛的歷程裡，透過覺察與改變，更深層的沉睡之處而覺知與清醒。從沉睡到清醒有四個步驟，我將此四步驟取名為：「Do-Me-So-Ḋo」。是音階喔！可以用唱的。那些來到我身邊的困難，那些我的愛無法觸及之處，都是用來點出我內在的沉睡之處，讓我照見在某個面向，我依然穿著乞丐的衣服，沉睡在匱乏的幻想中。

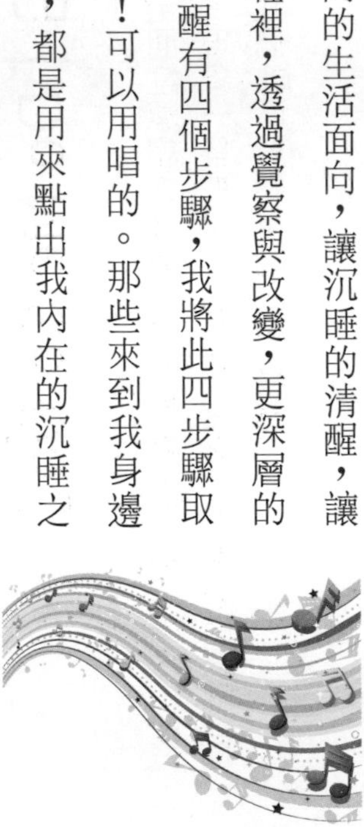

從Do唱到Ḋo，要升一個八度，也就是做出能實踐愛的選擇。高八度的音，象徵著提升內在的光，讓自己透出的臨在質地，這是揚升的光，是愛的選擇。我們的本質是光，我們的身體雖是物質，也是會發出波頻的能量體。更接近本質、更是愛、更回歸神性的波頻，是更高頻率的光。這四個步驟如下：

Do承認→Me看見→So相遇→Ḋo實踐愛

承認	承認感受與回應所遭遇的人事物，是我的自由與責任；幸福決定權在我之內
看見	看見舊模式，以及背後需要被療癒之處，並能停下來，不再吸引無名的紛亂之流
相遇	無論我的反應是什麼，憤怒、受傷、挫敗、抗拒……，我都用愛與之相遇
實踐愛	用愛行動，立志實踐愛

「Do-Me-So-Do」所代表的「承認—看見—相遇—實踐愛」是本書的主要結構。這四個音階能展開一張地圖，帶領我們走這趟旅程——親密關係的幸福在我之內。本書以「渴望天長地久的夫妻」為範本，但不代表幸福只發生在這類的族群中。幸福在我之內，是一種人生哲學、生命態度，從今以後，我決心不讓自己隨著外境浮沉，而能轉向內，滋養並喚醒內在的愛之火焰、生命之熱情。因此，不論是否有伴侶，不論是否天長地久、不論是同性戀或異性戀……，只要活著，與人互動，幸福在我之內，就是個基本動作。

本書的章節與「Do-Me-So-Do」的對照如下：

步驟	章節
Do 承認	第一章：幸福在我之內 第二章：幸福在我之內的「Do Me So Dȯ」 第三章：真愛的成熟之路
Me 看見	第四章：幸福的恆常與無常
So 相遇	第五章：與愛相遇，以愛臨在 第六章：深情澆灌：和平戰士與溫柔心法
Dȯ 實踐愛	第七章：共命的合夥人：家庭股份公司 第八章：朋友、情人與玩伴 第九章：Forest' s Talk：讀書會與陪伴圈圈

步驟Do：承認

幸福是否已經回到我之內？只要聽聽自己平日訴苦的基本句型就能明白。

在幸福門外流浪	幸福在我之內
我們家老公總是講不聽，我看他一輩子都不會改了，襪子就是亂丟，小時候媽媽沒教好。	我還沒學會，當老公襪子亂丟時還能在愛中。大多時候，當我看見他亂丟的襪子時，我會生氣。是我的什麼吸引了這些亂嗎？老實說我不曉得，但我知道，我生氣會引發兩人間的冷戰。
剛結婚時我才到臺灣來，其實很需要朋友，我天生就熱心，鄰居的小孩什麼的我都喜歡幫忙照顧，可是我婆婆不喜歡，她阻止我這樣做。後來，我就一直沒有朋友了。（外籍配偶的心聲）	我發現，其實我一直不太會跟別人相處。跟陌生人要怎麼聊天，或說些什麼話。即使來臺灣已經很多年，語言也都沒問題了，我遇到人要說話時，還是會不知所措。以前，我會幫別人忙，好像這樣就有朋友，不過我發現，這也不是我真正要的，我也沒真正為自己的意願爭取過。很多事情，我內在不是真要，又不好意思拒絕人家；不會跟人互動只好用幫人家照顧小孩當作方法。
我老婆對我很冷淡。我每天做牛做馬把薪水帶回家，可是回到家，還要聽她說一整天的孩子經，而且還嫌我下班太晚。又不是我自己愛加班，是工作做不完嘛！好不容易孩子都哄睡了，到了床上，我想跟她親近，一碰到她身體，她立刻說累想睡覺。我覺得快要撐不下去了。	說真的，雖然工作辛苦但我還滿有信心的，在職場上，我得到許多成就感，也就更願意付出。但說到陪孩子，雖然老婆講了很多次，要我說故事給孩子聽，或在孩子哭的時候哄他們，但我真的會害怕，這害怕好像讓事情顯得更混亂。孩子沒機會跟我親近，即使我準備好了要陪他們，他們還是黏媽媽。有時候我真嫉妒，孩子和老婆那麼親密、開心。當上床時，我伸手去擁抱她時，其實我心裡想要的是她的關心，原來，我內在這麼寂寞。

承認的步驟，需要我們把眼光轉向內，看見內在的我們如何引發外界的連鎖結果。這動作其實也是心理治療的基礎動作，更是光工作❶的力量源頭。在認知的轉向上很容易，困難的是，一般人不甘願這樣做，似乎抱怨的能量還沒滿足。如果下文的練習，你無法在日常生活裡實踐，這表示你還沒有決心清醒，依然想當個沉睡之人。我將這段話再強調一次，你可以抉擇：沉睡之人，擁有幸福的無比潛能，正等待著被喚醒。輕盈一點的，被某本書或某種感動所穿透而喚醒；沉重一點的，生命會用各種際遇來喚醒之。沉睡之人，站在幸福之道的門邊，等著轉開手把打開旅程。

承認：把眼光往內轉，為啟動幸福負起責任

1. 滑過外在情境：很通順地滑過外在的情境，焦點是：我用什麼「吸引」了我的遭遇。

(1)沒有強調，不抱怨，不對此做任何歸因推演。

(2)不在外在的細節停留。

(3)我的＿＿＿＿＿＿＿，吸引了外在的＿＿＿＿＿＿＿。

---

❶ 光工作 (light work)，新興的靈性工作，以連結光和我，引導宇宙療癒之光的方式來促進人的成長與健康。

①例如：原始說法：家人對我擔心，讓我很煩。

→承認：我的衝動與冒險，吸引來家人的擔憂。

②例如：原始說法：大家都不太信任我，每次開會時，我的意見都不會被採納。

→承認：我帶著怯弱不確定的聲音說話，吸引了別人的不信任。

③例如：原始說法：快受不了了，我只不過說點抱怨的話，他就不理我。

→承認：我習慣性地指責與憤怒，吸引了丈夫的冷漠。

④例如：原始說法：下班後真的很累，我老婆又長篇大論，我一打瞌睡，她就生氣了。難道我回家不能休息嗎？

→承認：我無心聆聽老婆說話，吸引了老婆的怒氣與抱怨。

2.把焦點放在整體。

不只是短處與弱項，同時看見長處與強項。

(1)例如：以前鄰居把孩子托我幫忙時我還有朋友，後來婆婆阻止，我就沒朋友了。

→承認：我不太會與人相處，我習慣幫鄰居照顧小孩來獲得友誼。

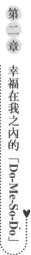

(2)例如：我這麼辛苦賺錢養家，可是老婆經常不滿意，回家之後，她的嘮叨讓我覺得好煩。

↓承認：我很能賺錢養家，本來以為這樣就夠了，沒想到老婆不滿意，她表達很多次了，意思就是，只有錢不夠。我聽得出來，她在跟我要溫柔、要幫忙家務事，偏偏那些都是我的弱項。而我一次次忽略的結果，吸引來我們長久的說不清楚，距離就變遠了。

(3)例如：老公真是的，結了婚後就變了一個人，婚前我打扮漂亮他很愛，現在他就會嫉妒，怕我被別人搶走，真是亂沒安全感的。

↓承認：結婚前，老公喜歡我打扮，他還說因為我漂亮所以愛上我。結婚後我也喜歡打扮，但看起來他不愛，尤其是我作性感打扮的時候。我心裡不爽過，也覺得被束縛。但仔細想想，我承認每次我覺得寂寞時，我會更想要打扮得性感，即使老公忘記稱讚我，那種能吸引男人目光的感覺還是讓我很有成就感。我的專長在於展現女性魅力，但我真的不太會獨處，不太知道，怎麼收斂自己，不再去招惹婚外的男性眼光。我承認，是我所重視、希望被看見的需要過多，是老公給的我無法知足，而吸引來這些複雜的婚姻阻力。

3.承認我的需求、我的渴望、我的渴求。

(1)很多自認無辜或抱怨的人，習慣把焦點放在外在別人做錯，或虧待自己之處。而幸福在我之內的思維則是：「若我有需要，我就為自己負責。」

(2)很多無覺知的需要，不被明朗地表達，而在暗處蠢動，這將帶來複雜的影響力。若能直接承認，首先對自己承認，則是「啟動自身幸福」的開機鈕。

(3)許多無法表達的需求，經常是內在有雙重的需求彼此衝突，當我們只表達了其中一方，內在失去平衡，外在世界也用很複雜的方式回應我們。

①例如：原始說法：這工作錢少事多離家遠，我一直想換工作。本來主管很信任我，找我當他的職務代理人，但這幾週，似乎又不信任我，另外找人替代。

↓承認：我很珍惜這份工作，這份工作提供了我穩定的收入，保障了我和孩子們的生活。另一方面，我也不太確認這工作，有時還是會有換工作的念頭。這份工作，跟著我十多年了，從我婚變到現在。我情緒穩定，是個有自信的單親媽媽。當年那個情緒不穩的我在這裡也留下記憶，每次同事不夠肯定我時，我都會想，他們一定是記得當年我的不良紀錄。真是這樣嗎？也許我真正需要的，是寬諒並去深愛當年在離婚風暴中，那個很脆弱、不穩定、非理性的我。當我能深愛這個自己，我就會知道，這份工作的去留。

②例如：我的丈夫很愛賭博，十幾年了，家裡都是我在撐著。雖然已經習慣了，但很多時候還是會想，我為什麼遇上這樣無法依靠的男人？

↓承認：結婚快五年了，當年那個讓我很欣賞的瀟灑男人，原來很愛賭博。我開始保護自己和孩子，拼命讓經濟能有一個保障，穩固我們的生活。我掙扎過，也埋怨過，但夜深人靜時，我仔細聆聽內心，我真正要的是什麼？能穩定工作，為我和孩子們提供一個堡壘，這是我的第一要務。很奇妙地，愛上一個不該愛的男人，卻又癡情不顧一切愛他，這種歌詞總會讓我心動，深陷不已。我不曉得，表面上看起來的不幸，是否創造了一個情境，讓我的癡情不會隨著婚姻而淡去。很年輕時，我說過結婚是戀愛的墳墓。我害怕的，也是沒有激情的安定生活。激情是我要的，是啊，在婚姻裡，持續擁有激情，是我深處的渴求。

③例如：不曉得為什麼，我最近看到穿得清涼一點的年輕女孩子，都會不專心。

→承認：我的眼睛會被年輕的女孩子吸引，心猿意馬，但那真是我要的嗎？某種程度，那是身體本能的一種慾望。中年男人，很奇妙地，想要抓住年輕的尾巴，生命渴求鮮艷的色彩。我想，那不是我真正要的。我真正要的，是一種活力、熱情、冒險，是一種突破框框的自由吧！女人裸露的身體，女人的美麗，從我十五歲開始，對我就很有吸引力。雖然被吸引，但外遇不是我要的，也許我很難開口，我想要老婆能打扮得更鮮艷亮麗吧！要求別人改變，一向不是我的作風，所以我不會對老婆開口。我倒是能跟她說說，我被年輕女孩子吸引，這在我們夫妻之間，一定能好好調笑一番，增添情趣。

這些承認的步驟和例子，希望你能一次次閱讀，透過這些細節，你能從外推的沉睡故事，轉為內求的清醒故事。當你能如其所是地全面性承認外境與自己的反應，並述說出來（寫下來或找個能信任的人述說）就啟動了幸福的開關。現象一旦被靜心的眼睛凝視，虛妄的表象就會一層層脫落，揭露我們非面對不可的深層真實。如同那修行之人凝視著乞丐，喚醒了乞丐的真實渴望，他說出有力量的句子：「我不要再當乞丐了，可以看著別人的眼睛，不用因為羞愧而逃開」。承認吧！承認那些已經發生的現象，承認自己內在參與了這些外境的創造，承認內心深處的脆弱與無助，並承認內心深處最美好的盼望。

一次次閱讀這些例子，一次次轉換你的表達方式，每當你在受苦中，就轉化你說出口的句子。言靈，是有魔法的，你的日常心思低吟以及說出口的話，都成了是否開啟幸福之盒的關鍵鑰匙。與修行人的心靈之眼相遇，放棄世俗之眼的評斷，用最平實的方式陳述你的際遇，直到你觸及真實，幸福的魔法就開啟了。

幸福停看聽

1. 請說出或寫下三個你對人生、對父母或婚姻經常有的抱怨。用承認的動作，將之轉向內，試著改寫看看。

2. 練習承認的細部動作：

(1)練習把外在情境說得很單純，不去說太多細節，用三句話簡潔摘要一個長篇故事。

(2)練習看見事情的整體：長處、短處、光亮、陰影，同時看見。

(3)練習承認：需求、慾望、渴望、夢想。

3. 討論：需求、慾望、渴望、夢想，有什麼不一樣？

第三章

真愛的成熟之路

痛之所以成為縈繞不去的痛苦，綿延多年，在於我們不肯放下那些讓我們受傷的解釋，不肯放過那個我們把多年的不幸福都歸咎到他身上的人。留意你如何解釋，也留意，當你覺知角度轉了，換個解釋時，新生出來的愛是多麼有力量！

幸福沒有刻板樣貌——辨識真傷與力量

許多民間傳奇，仙人會化身為髒兮兮的老乞丐來考驗我們的慈悲。我們常不知道，願意接納髒兮兮的老乞丐，敞開心去愛，就是幸福的開始。傳奇裡，老乞丐獲得食物的招待，有時候還會要嬌滴滴的千金小姐幫他抓蝨子，或清洗化膿的爛瘡；若千金小姐放下角色地位而給出慈悲的照撫，老乞丐就會化為仙人，給小姐三個願望。這故事的啟發在於，慈悲心沒有分別，要穿透與放下內在對表象的執著，把真愛流向給眼前向我們叩門的人。

幸福的「Do-Me-So-Do」的Me步驟，也就是「看見」，說的正是這樣的一個祕密。你能看見嗎？看見遮蔽在乞丐下方的是愛與光？幸福與真愛的考驗在於，無論來到眼前的事件是滿足期待或讓人失落，你都要留在愛裡。那個讓你苦痛關閉心門的，不是那個負心人或潑辣婦，而是你內在的受傷幼兒以及深深藏在受傷背後的真愛渴望。你能否誠心接納乞丐，照顧他溫飽，為他療癒爛瘡，就象徵了你能否不怕痛，敞開心，療癒古老創傷，看見內在的受傷幼兒，撫慰並堅定地守護他，再也不離開？

Me是看見的靈透之眼，看見傷，明辨真假，看見需要療傷之處。

承認：承認外在境遇的勾連，背後有我的選擇。

承認幸福與否，無論如何有我能調整之處。

看見：看見我的不幸福之內有我的傷處。

看見那個傷在何處，並能給予療癒的可能。

看見創造那個傷的小小自我，擁抱他並給予愛。

受傷，有很多個層面；而回應受傷，有很多種選擇，婚姻或關係裡的傷也是如此。當你在關係中受傷了，是選擇離開，還是選擇療癒與調整自己，這永遠是個智慧的評估與選擇。我會說「天長地久的幸福是內心喚醒真愛的恆常修行」這是一種在關係中修行真愛的決心，透過關係的互動，我們能真正讓心中的愛之流，去到最古老的匱乏之處，喚醒乞丐，打開寶盒。因此，關係裡的苦與傷痛，都願意承受與穿透，藉以打開寶盒。但我依然要說，「活著，維持精神狀態的完整」優先於「修行真愛」。有時，陷入危險而有傷害的關係裡，要評估的為「是否需離開」，而不是「如何修行」。若婚姻裡有很多真正的傷，就得評估是否該離開了。

真正的傷

- 損及生命的傷害：肢體暴力、強制「性碰觸」、非意願的性、意外傷害，車禍等。
- 物質利用——牽涉到金錢長期不平衡的損失：在金錢上只需索而不回報，用各種理由借錢，借貸永遠比償還多很多；或配偶未徵得你的同意，就動用你戶頭的錢。
- 控制你的自由：過度的金錢給予，過度的過問生活細節，讓你覺得喘不過氣來的控制：多到數不清的大小禮物，各種細節探問，明明聽起來是關心，不知為何，心裡感覺受控制、不自由。
- 情感的勒索：經常使用情緒控制（冷漠、疏離、動不動就說要分手、暴力、強烈低潮、沮喪、自殺或傷害威脅）來獲取他所要的。不給予溫柔與專注，一逕要求聆聽或照顧，像個小孩。
- 靈性的控制：不允許你有自己的思想言論，經常不認真聆聽就批判你的靈性追尋，監控你的想像力，強制過問你的想像與思考的內容。

如果你的伴侶有這些現象，那麼需要邀請更有人生閱歷的親友、醫療系統或社工，來聆聽你並做出適切的評估。若這些人士也認定你需要保護或離開，就好好準備，一步步朝這方向前進。在不過度刺激對方❶的情況下，尋求支持，在損害與風險管理的前提下，決定離開的計畫。這樣的伴侶通常不是大惡之人，他們也是內心損傷累累的可憐之人。這樣的伴侶通常有迷人的另一面：他們傷人後會流露懺悔，表達後悔與愛意，表達需求與懇請：「我不能沒有你，請你原諒，請你留下來。」於是會有一小段安寧甚至甜蜜，但很快地層出不窮的傷害又會出現，形成了傷害、寬恕、和好的循環。這樣的關係映照出對愛的渴求極深卻又遺棄自身力量。

幸福沒有一定的樣貌，沒有一定的婚姻條件。單身可以幸福，單親可以幸福，吵吵鬧鬧可以幸福，貧困夫妻也能擁有幸福，這些情境是幸福的挑戰，卻不是幸福的絕緣體。先活著，再活得好。在傷害的關係裡，找回力量，並作抉擇。真愛修行處處皆是，不是一定要留在關係裡才是修行。

❶ 在處理這種傷害的關係，有一個小提醒，那就是，非常謹慎使用保護令的申請。對於自尊脆弱控制力薄弱的人，寧可找好收容所後，悄悄收拾行李離開，也不要以為保護令能保護自己，而讓自己暴露在危險中。

看見「我愛你」或「我需要你」的真誠

大部分情況，伴侶或配偶是個好人，雖然常讓你生氣、偶而讓你傷心，但仔細想想，他還是有很多用心的時刻，用心投入，為家庭付出自己，為你做些特別的事。很有趣地，這樣的好男人或好女人，經常少了些迷人的因子：他們不太會甜言蜜語，因為他們很務實；他們忘記紀念日，少了鮮花與禮物，因為他們為孩子儲存教育基金；他們經常工作很累，回家後沒時間和你相處；他們忘了要打扮自己，邋遢的樣子與性感無緣；他們過度為家庭付出，所以常碎碎念或斤斤計較；他們開口閉口都是家庭和孩子，讓你遺忘了浪漫與甜蜜。這是活在恩典中的平凡家庭，卻因忘記珍惜而錯失幸福感。

這種「身在恩典而不知幸福」的男人女人，需要經歷從「我需要你」到「我愛你」的成熟之旅，也就是從「浪漫愛」到「真愛」的道路。浪漫愛是世俗之眼能看見、廣告描述或通俗電視劇所演，受限於外在條件的幸福。而真愛，是建立在諦念的根基，和宇宙大愛連結，是無從被剝奪的愛。真愛，存於我們心中，外境只能淬鍊與考驗真愛的純淨度而無法剝奪。反過來，浪漫愛則是脆弱易碎，隨著關係的演進而消損與變化，是一份人格幻想創造的愛。身在浪漫愛中的人說「我愛你」時，除了感受到愛的觸動與美感的激情之外，底層的聲音是：「我需要你」。

♡Do-Me：承認與看見：從「我需要你」到「我需要我」的轉化

當你說「我愛你」時，感受到幸福與臨在嗎？還是感受到激情與焦慮？若是後者，對戀人述說「我愛你」，就得轉為「我需要你」了。當愛非發自內心本源的愛光，而是來自無名的渴求之處而說出來時，「我需要你」會比「我愛你」更真實。承認愛不是唯一的感受，承認內在的需求，進而看見內在的匱乏之處、需要被支持或療癒處，是此練習的重點。

♥純淨的：「我愛你」→「我別無所求，愛你，就是現在的唯一感受」

♥需要純淨的：

「我愛你」→承認「我需要你愛我」→看見「匱乏愛的自己」

「我愛你」→承認「我需要你的陪伴」→看見「孤單的自己」

「我愛你」→承認「我需要你的關心」→看見「需求愛，需要被注意的自己」
「我愛你」→承認「我需要依靠你」→看見「沒安全感的自己」
「我愛你」→承認「我需要你不變心的保證」→看見「害怕被遺棄的自己」

浪漫愛的失落，是這些被看見的內在在說失落，所感受到的痛苦是「非當日份」❷的，是渴求父母愛的幼兒次人格。「**我需要你**」其實是內在幼兒的呢喃，「我」是內在幼兒，而「你」則是平常的成人我。對戀人呢喃是雙向的，同時也是內在幼兒對自己的低吟：「請愛我」、「我需要被陪伴」、「我需要安全感」、「請不要遺棄我」。內在的受傷幼兒住在不安全的陰影記憶中，當失落時，需要的是自我覺察、自我關注與聆聽，而不是對伴侶的失望。那些用不安全感頻繁說「我愛你」的人，更深層的真實是「需要自我的愛」、「需要自我關注與覺知」、「需要被療癒」。這些傷阻擋我們感受到愛，這就是自我所創造的傷。

❷由過往未釋放的痛苦能量聚集而成，包括童年的創傷。

自我創造的傷

♥你的受傷與憤怒，需要說一個很長的故事，才能讓人理解。也就是，造成你受傷或憤怒的情境，與個人觀點與解釋有關，或是與個人歷史有關，而不是一個普世皆會受傷與憤怒的情境。

♥你的受傷與憤怒，是一個經常重複的模式，熟人都知道這屬於你個人的脾氣或慣性。

♥你的受傷與憤怒，以常情來判斷，激烈程度或持續的長度，與一般人不同。

♥「傷」的感受是真的，而對「傷」的解釋與理解則是虛幻的。

例如：

♥我等了你一個晚上你都沒回來吃飯，你到底愛不愛我？

♥你怎麼可以這樣對我？為什麼我說話時你都不理我，你在想什麼？你是不是不在乎我了？

這些感受的難耐大部分屬於內在幼兒：孤單、寂寞、被忽略、甚至被遺棄，有些過度卻是真感情；然而「**你**讓我受傷」、「**你**不愛我」、「**你**不在乎我」，這解釋卻是虛幻的。若執著於這些解釋，

根據這些解釋來行動，將注意力都放在外頭，指責伴侶、想改變伴侶，當伴侶無法如預期地改變，再次的失望或憤怒，就創造了一個受傷的虛假循環。親密關係的滿足基礎建立在此，則是緣木求魚，一種「不可能成功的努力方向」。若能明白對「傷」的詮釋與理解是虛幻的，就能解開自我的束縛，向內療癒自身。

通常，以感受敏銳度來看，我們可以把婚姻中的人分為三類：一類是鈍感無感覺，另一類是敏感易受傷，中間則是細膩敏察而強韌寬厚。鈍感無感覺的人比較容易過日子，但無法與之有更深的交流，在親密的互動上，難免伴侶會因無法靠近或碰觸卻又仰賴他的穩健可靠而掙扎。敏感易受傷的人，與之相處有很多精彩之處，尤其是正向歡樂情緒的時候，但有時若陷溺於負向情感無法離開，久而久之，讓人疲乏與辛苦。若這類的人又是對外歸咎指責型的，則伴侶有動輒得咎的受困感。最平衡的是能敏察到自己與別人的感受變化，對自己的情緒能穩定覺知並藉此找到自己需要被療癒之處，對伴侶的情緒能感同深受與包容。

我是個善於表達自我的女性，在對丈夫表達觀點與感受時，會遇到他沉默不語的狀況。然而，我對沉默的忍受度很低，會用各種方式來促使談話。後來我發現自己的模式，聽見自己對他沉默的解釋：「他是不是不開心了？」「他因為我而受傷？」「他對我生氣？」我看見自己過度努力要丈夫恢復親切。

覺察後，我停下來了。我停下來深呼吸，吸氣時邀請宇宙大愛從頭頂上方流入，吐氣時讓宇宙大愛從我的心口流出。當我覺知往內，溫暖與放鬆的感受像緩慢的溫泉流一樣放鬆了我。而我看著丈夫的眼睛忽然變了。剛剛，我只能看見他是否生氣，無法看到其他種種。而我回到宇宙大愛之流，張開眼睛看見他累了，而他在思考中。原來我想要的，就只是靜靜握著他的手，感覺兩人攜手多年，一起走過來的深情，和從他的手傳來的觸感與溫度。

從這例子看來，我丈夫是鈍感型的，他寬厚而支持我，但他的沉默卻使敏感型的我無法承受。後來，我承認了自己的不安，也看見了內在需要被療癒之處，我們才慢慢找到，使用觸碰與靜默的方式交流溫柔。逐漸，由於我的寬容，丈夫越來越能承認他的內在，他的知覺度也敏銳多了，當他能不怕我憤怒，不怕我受傷，直接承認並表達他內在的不同意或憤怒，我們之間，就多了語言坦然交流後的深度親密。

第二個例子來自一個朋友。

她有個不穩定、經常想離去的男友。當我陪伴她處理男友又提分手的傷心，最後，總是會來到「孤獨的承受力」這個點。當她越能承認重點不是需要男友，而是孤獨難耐，並能看見背後的孤單幼兒，想辦法做點什麼，或邀請朋友陪伴之後，她在孤獨時也能感到平安與紮實、輕鬆與寧靜。在此療癒發生之後，她與男友之間就越不需要緊緊抓住，而能真實地依愛行動；不用恐懼為動力來討好男友，而能感受到一種「沒有恐懼的自由」。

這兩個例子中的主角，都走了一趟從沉睡到清醒的歷程，把注意力從不可能成功的努力轉向最重要之處：承認自身的不安全感與愛的匱乏感，並看見那背後需要陪伴與療癒的自己。想辦法給予療癒，讓愛與光流向自己。於是，就能來到實踐愛的步驟了。外在情境哪裡需要我的行動？什麼方向是我能努力的？當我回到愛之流，看見當下的現象，就能知道真愛隨著我們越來越恆常地清醒而豐沛穩健。我們能純熟地讓注意力集中在真正需要愛的方向，邀請宇宙大愛成為後靠，讓內在幼兒被療癒，於是能純淨地分享愛、傳遞愛。

練習

從傷中醒來

1. 找朋友一起討論：

⑴我的關係中，有沒有真傷？有沒有自我創造的傷？

⑵若有許多真傷，請尋求專業協助。

⑶若有許多自我創造的傷，請往下走。

2. Do-Me：承認與看見：

⑴ Do 承認（參考第二章）：

①說出有影響力之處：中性地滑過外在事實，找出內在吸引外在模式的自己。

②說出完整的事實：我會的與我不會的；我的長處與弱處。

③完整承認需求：我一方面想要，另一方面又害怕……。

⑵ Me 看見：看見內在需要療癒的自己：

①我的恐懼與害怕。

②我的匱乏與慾望。

③我的過往創傷與痛苦。

④我的孤單與寂寞。

⑤我的逃跑與退縮。

3. So 相遇（簡單版，完整版請參考第五章）：

(1)觸碰內在幼兒❸：

①感受到身體裡，最能知覺到卡住、悶住、緊張、痛楚……的身體部位。

②將手心放在上面，專心地用內在知覺感官與之連結。

③覺察身體與情緒的所有感受，專心體驗，並讓之離去。

(2)邀請療癒的光流入。「親愛的宇宙，謝謝療癒的光流入我內在痛苦（孤單……）之處。」

從「我愛你」到「我需要你」是承認與看見的覺知之路。而一次次經歷這些步驟，內在幼兒會逐漸長大、信任而更有力量，就是從「我需要你」到「我愛你」的成熟之

❸ 請上心之徑（http://heart-path.com），內有連結，可提供冥想聲音。

路。於是「浪漫愛」成熟為「真愛」，我稱之為「成熟之愛」。

從「我需要你」到「我愛你」的成熟

對於關係裡浪漫愛的受傷，讓我們放棄那些會更受傷的解釋吧！痛之所以成為縈繞不去的痛苦，綿延多年，在於我們不肯放下那些讓我們受傷的解釋，不肯放過那個我們把多年的不幸福都歸咎到他身上的人。痛與傷，都會過去，錯誤的解釋與歸因反而讓痛綿延成了苦。留意你如何解釋，也留意，當你覺知角度轉了，換個解釋時，新生出來的愛是多麼有力量！

在一群女人說故事時，一個中年太太，說了很動聽的故事：

年輕剛結婚時，我年輕氣盛，吵架以後，他摔破了一個碗，裡面的炒飯掉滿了一地。那天晚上，我們倆誰都沒去收拾那些碎片，當然也沒說話，隔天早上就各自去上班了。到了公司，我想，我要不要回去擦地板？因為有潔癖的是我，萬一長蟑螂了怎麼辦？所以，十點多，我就偷偷回家去，把地板收拾了。我們也都沒再說那件事，直到好幾個月以後，有一天忽然說起來，他說他也在十一點時偷偷回家想要收拾地板，沒想到讓我給收好了。

他一直是個非常非常溫和的人，而我比較急性子，我愛說話，什麼事情我都愛說明白，也喜歡跟他說。可是我知道他不是那麼愛聽，他背對我在電腦上玩著接龍，任由我說，年輕時我不太能接受，可是我發現，這就是他對我的愛，他不愛說這麼多話，可是他了解我，他讓我說。我也就能安在於那樣的時刻。

今年，我們結婚第二十六年，他摔了第二次碗。你們知道嗎？他那麼溫和的人，怎麼會摔碗呢？這次裡面裝的是炒麵。我很驚訝，當他摔碗時，我想的竟然不是：「他怎麼可以摔碗」、「引來蟑螂怎麼辦？」我當時想的是：「天啊！我把這男人逼到什麼程度？我讓他摔了碗，他一定很受不了。」

其實這陣子，我公婆連著生重病，而我雞婆性子，一直要我先生去做這個、去做那個。我先生跟我不一樣，他很多時候，該做的做了就放下了，回到家裡，他只想靜一靜。但我就是太擔憂公婆了，又一直說，一直還要他做更多一點。那天，他摔了碗，我就決定再也不要逼他了。他有一套對待父母的方式，我不能用我想要的方式去逼他。你們看，我有沒有成熟一點，二十六年，兩個破碗的故事。

你可以看到，這位女士在年輕時如何藉由輕盈的解釋回家收拾了破碗，那個解釋是個愛自己的解釋，讓痛消弭停止的好答案。而在中年以後，在丈夫吃麵吃到一半憤而摔碗時，她很快地跳脫種種會創造痛苦的解釋，沒掉入那虛幻的陷阱中。她選擇了：「他平時是這樣一個溫和的人，一定是我太逼迫他了。」最後她選擇「我是這樣逼迫他……我終於懂了，我就放下吧！讓他用他的方式照顧他父母。」這選擇，為婚姻帶入一段放鬆的幸福可能。這是一個幸福在我之內的經典例子。

再說一個故事：

有個好朋友，前幾年遇到丈夫外遇的打擊。她嫁給這老公原是想要被疼愛的，沒想到，結婚多年，聚少離多，反倒是她為他撐起了家，與公婆同盟，一起養育小孩。直到老公外遇，要求離婚。性子果斷的她立即簽了字給他，這才自己抱頭痛哭，悲從中來。就在這悲從中來，所有的痛苦都洶湧而出時，她聽到心裡更真的聲音。原來，更真的聲音是「我愛這個人」，不是「我需要這個人」。

有意思的是，老公在得到離婚簽字後，回頭也照見自己內心多麼的不捨。這結縭十年的婚姻。要離？要留？兩條都是難以抉擇的路。而最大的力量是：「我愛這個人。」老公回頭了，而這位可敬的女子，在最痛時照見自己的真心，多年來期待落空的哀怨消失了，而是再次抉擇：「就讓我來愛他吧！這就是我所要的。」風波平息後，朋友跟我說：「前幾天，我說要去看牙醫，他居然幫我問了好牙醫的資訊。這麼多年來，我期待的就是這樣的關懷方式。」

這「居然」說得讓我心疼。原來期盼被疼愛的年輕女子，在這麼多年，走出一條力量之路。不再期盼被他疼愛，了不起的是也沒讓心冷去，反而從大創傷裡，看見自己心中強大的愛之流。居然，盼到了老公的照顧，盼到了的她，還有著小女孩的喜悅，而我看見的是，她是個大女人，呵護著自己小女孩的次人格。

從愛情的幻滅中堅強站起來，從「原來我無法需要你」到發現「原來自己的愛如此強大」。我會說，是在最苦時分，她不怕痛地讓痛湧出，直到釋放。而愛，經常藏在最深最深的痛之下。這是一個境界，諦念的境地。外遇帶來諦念，徹頭徹尾讓兩人明白了，儘管有種種不滿意，想要在一起的念頭卻是最真切的。當「想要在一起」成了核心信念，那些對彼此的不滿足就先被放到背景，真心與珍惜、讚嘆與感謝，創造了愛戀的新生。

這位女性回憶說：

「結婚這麼多年，一直是我疼他、對他好。現在想起來，那個『好』裡有很多是習慣使然，但當他外遇回頭以後，我還能真心對他好，這個好讓我很享受，裡面我感到很多滿足的愛。當年對他好的背後我常覺得辛酸、委屈，會強迫他要對我說謝謝，要他說愛我。

現在，這些我都放下了，因為，我發現自己這麼有能力愛自己，身邊有這些好朋友支持我，無論發生什麼，我最後都會看到意義，都能感覺到自己更多的愛。這轉變怎麼發生的？我覺得，是那種『相信背後有更大的框架，有更大的存有』，有些真正的方法照顧自己，也是很重要的。」

這綿延幾年因老公外遇而來的成熟之路，之間經歷無數的認知轉換、解釋的釋放。最傷自己的解釋是：「我對你這麼好，你怎麼用外遇回報我？」「你不是說要回到我身邊嗎？怎麼還會想要去大陸工作，你是不是還想回到她身邊？」而那轉折在於，臣服了命運，接納丈夫的原貌，徹底認了「原來這就是我愛的人。」「無論如何，我能選擇。」「我的愛完成在我之內，當我感受到愛著他，愛就完成了。而外在的結果會是什麼？我信任更大的安排。」

從掛在口邊的浪漫承諾「我愛你」轉為「我需要你」，是一份照見自己的誠實。看著那個訴說我愛你的背後，有著個人的需求，有著自我的慾望或匱乏，有著過往的傷處或執著。當然，即使這樣，那份「我愛你」依然有著真正的意願、純淨的可能。但是若不去面對內在深層的匱乏或慾望，而只想著浪漫的愛意要綿延，是註定會失望受傷的。

年輕時，教導著兩性關係的我，經常說著「浪漫愛註定消逝」這樣的口頭禪。中年的我，花了二十年來讓自己成熟，這些年來，我讓自己看守著內在的慾望與匱乏、需要與傷痛，逐漸，我來到「幸福在我之內」的領域。這是一種回家的感覺，回到內在，發現裡面不只有荒原，也有繁花盛開。駐足在荒原往外在探求，期待著別人來愛我，倒不如無懼地往內探求，當我能隻身越過荒原往內再往內，就能使內在繁花盛開，在豐美的滋養中，帶著春光綠意來到荒原，逐漸收服內在的陰影與匱乏，釋放慾望與執著。

重點是，我看到過往有那麼多的虛妄幻想。我幻想著，那個十八歲就愛上我的老公，能不變地繼續愛我到八十八歲。而這個虛妄的幻想，在婚後，他不再如同十八歲一樣凝視與聆聽我時，就破碎了。記得我哀悼這份破碎，哀悼這份失落，花了兩、三年，那是一份比較接近自憐的哀傷，即使在很多面向都很成熟的我，在愛情的路上卻成熟得很緩慢。

哀悼完成後，我沒放棄想望伴侶的凝視與聆聽，但我放棄了他非凝視與聆聽不可的期待，改換成一個鬆鬆的想望。而我逐漸學會凝視與聆聽自己。寫日記，是當時我凝視與聆聽自己的方法。但一個人寫日記終究是寂寞的，而那個想保有自我隱私的老公雖然也寫日記，卻不愛跟我交換日記。在那時，我看著他拼命寫日記，我知道他寫著我帶給他的苦和愁，忽然能凝視起他來了，忽然能更放空自我，將目光停留在他身上了。他說不說自己，他給不給看日記，都無關緊要了。因為，當我凝視，當我給出目光的停留，我就看見了他，靠近了他。當我給出聆聽，即便他不愛說自己或不能說內在，我依然喜愛聆聽他的高談闊論、憂國憂民的文人思維。我看到自己成熟了。他凝不凝視我、聆不聆聽我，都不會影響到我存在的快樂與強韌。而我能凝視與聆聽他，就有了愛的感受，這是我美好的發現，是更成熟後才給得出的愛意。

我很開心，自己從「我需要你愛我」走到「我愛你」的成熟里程碑。我愛他，我開始探求他的喜好、他的思維，我也不介意自己是不是他喜歡的型，兩人之間，早就被小孩的各種需求、柴米油鹽塞得滿滿的。但能在柴米油鹽之餘，我還問著，這男人喜歡什麼，享受什麼？

這讓我的婚姻多了浪漫的風和愛之潮水。

而很有意思的，婚後許久，每隔一陣子，我就會收到一陣子專注的凝視與聆聽。並非我化了妝或整了型，而是我內在長出很新的自己，我放掉許多舊的自我外殼，讓內在的光往外，成為新的樣貌。於是，我能再享受一份有著一點真愛基礎的浪漫體驗。

我認為這段旅程很珍貴，因此，我摘錄下一路走來的內在信念，與你們分享：

♥我的憤怒或傷痛雖然由他人引發，但真正留著痛苦的，是我對感受的解釋。

♥只要是讓我落入挫折或痛苦的解釋，就有虛幻與不真實之處，此刻，就是我知覺向內的時候。

♥當我情緒不舒適、憤怒或傷心時，我要為內在的不安全感、恐懼、愛的匱乏感或挫敗，負起照顧的責任。

♥照顧內在受的傷，最直接的方式是將注意力轉向內，迎接宇宙大愛到其中。

♥面對關係中的失落，我不會把大部分的精力與時間，放在改變伴侶，相反地，我會把時間放在「如何讓我回到愛中」。

♥當我回到愛中，我能看見伴侶更多更豐富的樣貌，我們就能享受當下能找到的親密或樂趣。

♥至於我何以受傷、何以如此感覺，我現在明白，那是自我所創造的。分享那些內在，有助於我了解我的自我如何形成，但聆聽它未必是伴侶的責任，也未必對提升親密有絕對幫助。因此，我選擇能理解的朋友來支持我。於是，當我與伴侶分享我的內在世界，有著更豐富的面貌，與更輕盈的自由。

♥如果我的伴侶需要與我分享他的受傷，需要對我解釋他如何感覺，我會明白，我只是在了解他的自我如何運作，並不是真正的他。若我能輕鬆看待，給予真實的聽見，而不疏離、討好或指責，我只與當下真實同在，我的配偶也會隨著我回到當下，感受到我的臨在與愛。

♥我的痛可以止息，來自於我轉化原來的解釋，我願意放下那些讓我痛苦的思維和歸因，我明白，宇宙大愛的深意遠超過我能理解的範圍，誰又知道眼前的禍福認定，什麼是最真的呢？最深的真實是：我能為自己找到一個更大的視野，讓我感受到力量與愛。

♥我對生命有個核心理解：在這世界觀裡，我能看到萬事萬物都有深意，都有愛等著被彰顯出來。

♥當寧靜地留在裡面，我發現內在愛的豐沛與美好，於是，自然而然地我用愛臨在。

♥用愛臨在的我，與人相遇時，很自然地就給出了具有愛質地的行為。而當我灌注著專注力，在愛的臨在中相處，就實踐了「我愛你」。

練習

放入成熟之愛的認知

1. 用手寫：將上面的認知抄寫下來前，請先念個三到五次。
   (1) 若你覺得不同意，就先不要抄寫。
   (2) 若你覺得不順，請修改字句或小地方，直到自己覺得很順。
2. 參考第五章，敲擊穴道的方法，把你所抄寫的信念敲入穴道。
   (1) 先輕敲，唱著 OM❹。

---

❹ OM 是梵唱的一種，OM 是一個咒語，是最單純的聲音。在印度的信仰裡，宇宙起始時的聲音就是 OM。唱

(2)邊敲邊念，大約一到三次。

(3)敲擊頻率約一秒二到四次。

3. 在現實生活裡實踐。

(1)找配偶或朋友，陪伴你討論、實行這些信念的困難或喜悅。

(2)閱讀「相愛部落格」的文章，支持這些實踐的靈感。

的時候，先與心連結，深吸一口氣，用Do的音唱出此聲音，直到一口氣盡，再唱下一次。

幸福停看聽

1. 想想看，在你生命裡，有沒有受過真傷，後來那段關係怎麼了？
2. 說說你婚姻中的恩典與不幸（偶有抱怨處）。
3. 找找看，當你跟別人說「我愛你」的時刻，背後有沒有需求與期待？這需求可以轉為「我需要你」的句子嗎？
4. 請依據書中的練習，具體實踐。
5. 請討論第三節「成熟之愛的認知」。
6. 請具體實踐第三節「成熟之愛的認知」。

第四章

幸福的恆常與無常

我接納所有現況，包括死亡，珍惜著此刻的擁有，因為最本質的，都不會失去；我信任此刻朝向未來的幸福而去，而那幸福，即使無法想像，我依然信任；我信任此刻就是有意義的，即使我還沒找到，但我相信。

當幸福不在時，是誰不在了？

一位朋友見我在寫書，提供了她的婚姻心情給我。

結婚二十週年紀念日那天，生性浪漫的她好早就規劃想要好好慶祝，不過她那務實的老公不興這套，在她明示暗示一次次無效之後，當天在北海岸選購家具的他們，到靠海的餐廳吃飯。失望的她難以釋懷，和老公兩人木然對坐。駐店的歌手眼尖，看出這對夫妻心有間隙，熱情歡迎那對下午唯一的客人，立即彎身對麥克風說了這段話：「伴侶間會有很多委屈，但也有很多值得紀念的喔！第一首歌為我們這對獻唱：趙詠華『最浪漫的事』。」於是歌手的歌聲，盪氣迴腸在海邊，溫柔地為我這位浪漫的朋友，輕輕地撫慰，我猜她即使沒有眼淚，也有著溼潤的眼角，臉上線條一定柔和了下來。朋友在信中說：「一首歌，救了這超務實的男人」。

我不曉得在步入餐廳前，她有過幾次無奈與生氣，幾次吞忍與妥協，有沒有衝動的什麼決定。當歌聲與歌詞一次次敲著她的心靈時，她忽然可以放手了，放下一路種種失望，就好好享受眼前歌聲吧！看著眼前的大海，看見海的廣闊，忘記那波浪的起與落。

我能想到最浪漫的事　就是和你一起慢慢變老
一路上收藏點點滴滴的歡笑　留到以後坐著搖椅慢慢聊
我能想到最浪漫的事　就是和你一起慢慢變老
直到我們老得哪兒也去不了　你還依然把我當成手心裡的寶

二〇〇四年，我的日記這樣寫著：幾年前，心裡篤定地冒出一句連自己都嚇一跳的話：「知道，我再也不會不幸福了。」那時候，我感覺宇宙洪荒、變故無數，有什麼會奪走我的幸福呢？若我迎接每個當下，用極大極大的信任去面對，那種「不怕」讓我好篤定。現在想想，當時還是太誇嘴了，比較誠實的話是：「我決定，無論何種時刻，我有信心回到恩典中！」看看自己這兩句話，正好說出了這些年來自己的轉變。

在父親去世的療傷期，我的世界觀深受余德慧老師的影響，他在書中寫出「諦念」這概念：諦念的本質是，人突然發現生命並沒有那樣的繁花綠葉、沒有那麼順利、沒有那麼受人寵愛，生命中有一個底部，那個底部過去沒有被想過。可是今天透過親人的死亡，或是透過自己罹患癌症，突然掉落到一個底部去，人發現這是唯一能夠生存的方式，在這種情況下，諦念於是產生。因此，諦念也就是一種決斷，決斷就是有一個東西跟原來的東西發生斷裂，雖然斷裂，但人依舊決心前往。

我回顧這半生，失去幸福的時刻，都是在生命斷裂時。幾個最大的斷裂，二十七歲父親突然去世，三十二歲的婚變，無論當時多麼無助、哀痛、愧疚、憤怒與自責，在這些情緒起伏種種的底層，我都還能感受到那「活著的神奇幸福感」。

在父親葬禮時，幾個兄弟姐妹守喪，說著父親生前的種種，又哀戚又歡樂，哀戚的是心裡的悲捨，歡樂的是眼前的親情。在父親的棺木要抬出庭院時，家裡請了個職業孝女來哭棺，這儀式一開始讓我錯愕，接著我放下批判跟隨內在的情緒流，再也不壓抑地哭出心中的痛，那趴在地上，哭天叩地的我，有一種很深很深的親密感，那就是愛。如果不是深濃的愛，我哪來如此壯闊的悲痛？在那個時刻，對於才二十七歲的我，是一場深刻的生命教育，那是我第一次超越了日常生活而進入「臨在」。

「臨在」，我臨在著，在墜落到底部時忽然發現自己還活著，不只活著，還被穩穩地接住。那雙接住我的大手是誰？當時的我，還沒成熟到能問出這種問題。當時的我，只是真切地和那影與光，合一同在。哀戚與歡樂、傷痛與深愛，那就是生命的本質，生命的味道吧！

三十二歲，協同前夫去戶政事務所登記離婚時，陽光淡淡的，也是光與影子同在。兩個真心相待的好人，依然走到離婚的地步，還看不透生命之流的我，在當時感受到一種「荒謬感」。在解除婚約蓋章的那片刻，我感到在心底的難分難捨瞬間洶湧而出，但是在那難分難捨的拉扯裡，我看到自己底層的清明，我的心如此篤定，我們正在做一件從來沒有過的誠實大事。

那個片刻的了了分明，對我也是種愛的體驗，我是如此誠實地親近自己，一下子，我看見捨棄所有幻想與期待後，我擁有的輕盈和自由。在那一時刻，由於不再擔憂未來如何相處了，感受肩膀旁這個人，心底升起了很深的感謝與祝福。我得承認，離婚的斷裂不如父親去世來得墜落谷底，也因此，我還碰不到生命的大手承接我，我能迎接的幸福感，是幻覺離開以後的輕盈與真實。

余德慧老師說的諦念，是在我三十四歲才看到的。這段文字，像光劍一樣穿透我，我終於明白，自己的力量與活力、幸福與珍惜，何以是透過這兩次的大斷裂才長出來的。因為，我有了一種決斷的諦念，決斷的意思是，「活著，不需要倚靠」。因為生命的大手，一直穩穩接著我。諦念，用我的白話來說，就是：「無論如何，我接受了，我徹悟到，這是我的遭逢，然而，無論多麼艱難或錯愕，有個底限，就是我依然活著，然後我往前走。」

原以為的世界，是會斷裂的；心，是會碎的；這才是真實。

幸福，不仰仗世界不斷裂，也不仰仗心的不破碎。幸福仰仗的是，我站立的真實有多真。平順無風波的人生，不是真；無常更真；而無常也不是最深的真，臨在才是底線的真。我活著，在痛的時候我還活著，風依然撫摸著我，月光依然照耀著我，只要有個澄明的片刻，幸福就回到我之內。

再也不會不幸福了，說的是，我發現自己又進入一種新的、更底層的、更基礎的站立處——對無常的承認；不再踩在虛幻的慾望與記憶建築的幸福想像上了。如果我今日活著，那是恩典。如果我得到絕症，而覺察到還活著，那就是禮物。活著，並不是自然而然，而已經是被恩寵在恩典中。得到絕症還活著，那不只是恩寵，還是禮物呢！

用這觀點來看親密關係：平平凡凡，我活著，有身體來感受吵架與委屈，有對象來讓我生氣，這是恩典。若這樣的尋常之下，我們聊得很愉快，坐在搖椅慢慢搖，那就是禮物了。我的朋友，在北海岸的挑家具之旅，經驗了婚姻裡熟悉的意見不合與失望，而她保持覺知地看見自己體驗一切，情緒隨海洋起落升降，這是恩典。然後，他們坐下來歇息，敏銳的駐唱歌手送了一份禮物，在那瞬間，她乍然照見自己的生命種種。朋友在信後這樣寫著：

「對啊！我們不是正在一起慢慢變老嗎？有個人能陪你一起經歷人生的點點滴滴，見證你的曾經與存在。一起信守『執子之手，與子偕老』的人生大諾二十年不變，是份大禮物了。好啦！不計較了。還好生命中總是能遇到好多的好人、好事、好物；這些能給出光與愛的良善靈魂，在此刻，真是支持了對婚姻有著委屈與失望的心。」

閱讀至此，我們有了基礎，能詢問：「當幸福不在時，是誰不在了？」

當幸福不在，是「臨在」的我不在了。

臨在的我不在了，不活在真實中，活在失落的哀嘆或對死亡的恐慌中，這些阻隔讓恆常存在的恩典之光無法穿透你厚厚的迷霧，讓你感受到更真實存在的愛之流。無常若會奪走幸福，那是你站立的根基不是真實。真實是隨決斷而來的，在被奪走幸福時有著決斷的力量，感受到諦念，問自己：「我生命中最透徹、最重要的是什麼？我如何能為之而活？」於是，回到活生生的面對中，當諦念一來，生命萬千滋味會在瞬間流過，恨與愛、苦與蜜、痛與快感……於是，你有個機會與最底層的真實同在，那就是生命合一的滋味。一旦合一了，愛之流就會穿透承接你。信任生命回來時，恩寵的感恩成為基底，幸福就不會不在了。

終究諦念的探問

在「幸福在我之內」的觀點中，找回幸福，就是「找回那個臨在的自己」。在生命中的大斷裂時，例如親人死亡或罹患絕症，臨在感是可能性很高的一份禮物。我們說了透人生，學會珍惜生命最底層的擁有。因為在那當下，你想要掙扎卻發現拉著繩子另一端的對手是「生命本身」。人在面對「生命本身」的對手時比較容易升起臣服之心。大悲慟也是大徹透的力量，它逼迫我們得重新省視人生：

「生命在最絕望的時候，還有什麼最重要的？」

「這個人生，我自頭至尾渴望的核心是什麼？」

「事已至此，我非放手不可的是什麼？」

「此刻，我擁有的、還能珍惜的是什麼？」

「此刻，我領悟到，要放手讓它死去的舊習性是什麼？舊的自我認同是哪個？於是，當我能放手讓之死去，能得到重生的我，是誰？能擁有的幸福新習慣是什麼？」

死亡不一定帶來力量，力量來自於新生，而新生往往發芽在死亡淨化後所清出來的空間。在這樣的臨界經驗中，你非問不可的是，如果我拔河的對手是生命？我要繼續與之對立，或是與之合作，向它諮詢，教導我生命的奧祕？罹患癌症是生命中的瀕死經驗，至親死亡則是生命中與死亡的照面，離婚是一次小死，而我曾經在演講裡形容，外遇則是來自死亡的輕吻。在合一的生命流裡，死亡是轉化的活。迎接癌症最亮眼的方式經常是脫離原來慣性的生活，去做生命中真正的渴求，再也無須等待。至親死亡釐清了生者與死者間種種愛恨情仇，淨化成純淨的悼念，也呼喚著生者得不停問：「活著的我，最想要的是什麼？如果死亡遲早要找上我，我要怎樣的活？」

越大的死亡，遮蔽臨在感的可能性越低，也就是，你越快得知與生命的最好關係，是合作並透過它學會新生的祕密。離婚，死去的是舊夢與過時的承諾，離婚帶來種種衝擊，逼得人不得不去看：

「過去的那個我，到底長什麼樣子？」

「而我，若還有愛的新對象，我還要長同一個樣子嗎？」

當不再抗拒，認清離婚事件也是生命的另一種樣貌，臣服並從中學習時，就會問：

「我能放手讓之死去的，是怎樣的自己？」

「我需要積極促使新生的，是哪一個自己？」

外遇通常宣告了舊關係的死亡。但因為外遇的樣貌與死亡差別過大，身陷其中的人很難看出：拔河的對手，也是生命，而不是外遇的配偶或第三者，抑或是外遇本身這讓人迷戀又天人交戰的痛苦。由於看不透真正的對手是生命，是捎來恩寵或禮物的生命，所以需要掙扎許久，才會讓態度從逃避或征戰，轉為面對並與之合作。

外遇後，配偶若願意真誠面對、維持婚姻，可讓關係新生的問句包括：

「對於這段關係，要徹底放手，讓之死去的幻想是什麼？」

「那些我想要控制而無法控制的是什麼？我願意讓之死去嗎？」

「在外遇事件裡，感受死亡恐懼的次人格是誰？」
「我們的關係裡，一直逃避面對的謊言是什麼？」
「我們之間，那最純淨不被外遇所損傷，還活著的是什麼？」
「如果核心重要的，是超越世俗與無常的，那我們之間，最重要的是什麼？」
「在這段關係中，我要的什麼？」

這裡所有的問句，都得問一個最重要的問題：

「那個在我執著或幻想框外，更大、更重要，超越無常之外的是什麼？」

我們經常這樣問了以後，得到的答案通常是奧祕。對於奧祕，每個人顯現的都不一樣。

有個迷人的好朋友，她說了一段丈夫可能外遇的故事。

種種跡象顯示，丈夫有外遇：當她把玩丈夫的手時，發現他手上戴了一只鑽戒，在丈夫專用的汽車裡有著美麗的新座墊，每次她問：「這東西哪裡來的？」丈夫總是輕描淡寫：「朋友送的。」女性的直覺知道發生了什麼事。直到有天兩人共同朋友忍不住跑來說：「你的丈夫在外面那樣做，對妳真是過分。」

這女子流著淚帶著微笑說：「我好傷心，好痛好痛，年輕的時候，我以為沒有他我會死掉，現在我經驗到那樣的痛，卻發現我依然愛他，那麼痛那麼痛的我，居然知道怎麼渡過，而且，我身邊有好朋友，我一直看到生命的美好。我開始想，那什麼是最重要的？是他的忠誠還是我的愛？我最後決定，我愛自己，是最重要的，而我能繼續愛他也是最重要的。結婚二十多年，我知道，他是不會改變的。而我覺得能讓他活得像他原來的樣子，是很重要的。」

談話間，有人忍不住了，當面質疑她：「妳覺得，妳真的愛自己嗎？難道妳的傷心不重要？妳不用追問，不用他照顧妳的心情嗎？」

她回答：「我愛自己，我照顧我的傷心，也因為這樣讓自己成長。我問過，也知道再逼問下去，就沒有美感了。生命裡，我看重的是活出美來。」「我會問，我還活著嗎？當我碰觸到他還會感覺到興奮或愉悅嗎？我看到他，在傷心之外，還能感受到愛嗎？這些都是真的呀！我的愛還活生生的，也許哪一天，我們真的會分開，年輕時以為會死掉的，現在發現其實不會，我還是會活得很好。因為我有妳們啊！」

這位獨特的女子，藝術氣息濃厚的朋友，把美感放在很前頭，而愛的感受，超越一切的奧祕。與她在一起，無論是女性或男性，常能被她散發的深情與愛意所包圍。

而我們驚訝於已介中年的她還有如此敏銳對愛的感知和甜美之愛時，不曾了解到她背後正揹負著如此傷心的無常。

我懂那樣的愛戀感。在懷疑丈夫外遇時，她不願使用社會所賦予妻子的權力，而選擇了在傷痛裡探問：「愛的感覺還在嗎？」「兩人在一起的觸碰感與心疼還在嗎？」「生命的美感在此困難時刻要如何經營？」那種質問丈夫外遇、振振有詞的指責，對她而言，無意義且失去生命的溫度。於是，她的愛戀感沒有因為丈夫可能外遇而損傷，反倒觸動得更深了。這位「極度非世俗」的女性，很難模仿，卻是一份奧祕，讓我們明白，對生命可以信任到何種程度。而當我們能如此信任生命之後，生命又回報我們怎樣的禮物？在她身上，恆常的，是一份對生命的信任，信任生命帶來的都是神祕的禮物；對自己的信任，信任自己可以轉化，轉化成愛，轉化成光。女性的友誼，是溫暖恆常的恩典；而丈夫的陪伴，則是當下最珍貴的禮物。

若我模仿她的語氣說話會說：「這個我珍愛的男人回到我身邊的時間這麼短，我怎會浪費在吵架上？我總想著，即使我這麼傷心，此刻能發生最美好的、最快樂的是什麼？」這是活在諦念內，喚醒幸福的經典例子。

那個會讓你不幸福的自己、那個非臨在的自己，就是夢幻泡影的自己，覺察而後知其非，就放手捨棄了吧！勇於讓舊我死去的，是今日活得最生機盎然的人。這一小節在內文裡提供許多問句，你也能用這些精神來問自己，讓立足點往下走，直到最底部、最深層。

幸福在我之內的第二個聲音——Me 看見

走至此處，我們知道了幸福在我之內的前兩個聲音 Do-Me 怎麼唱。在進入 So 之前，我們再來仔細聆聽一次 Me，也就是「看見」的聲音。Me 的本質是什麼？在第三章真愛的成熟之路，從「我愛你」到「我需要你」又回到「我愛你」的成熟之旅中，我們知曉，這旅程一路是由 Do 到 Me——承認到看見，直到能碰觸內在，並給予愛。

那麼 Me 的更深層次之看見，又是什麼呢？生命，一定是要往更深的真實走的，我在心裡經常這樣自勉：「我們得仰賴著願意看見真實的決心，一次次往內走，直到最深最深的真實。你怎麼樣能知道已經到達最深的真實了？當你觸及永恆，當你感受到無懼，當知曉你已經回家。」

看見，是我在陪伴人走療癒之路時，最大的力量。

我常比喻自己是心靈深處的識途老馬，進到人的內在世界之後，有著動物本能可以帶領人進入最黑的森林，找到最清澈的泉水。而這二十幾年來，陪伴好多好多受苦的人們，站在絕望悔恨的懸崖邊緣，我總不害怕縱身一跳。絕望是以為前方無路，而悔恨是發覺原來的路也無法退回。縱身一跳，即使躍入的是恐懼的大海、無知的深淵，但每一次都會被接住。那雙接住跳入懸崖之人的大手是什麼？對我陪伴的人們而言，可能是我的溫柔堅定與無懼；對陪伴他們的我而言，是我對大溫柔的信任，和命運之間的麻吉。對我而言，恐懼已經是最深的了，帶著無懼躍入恐懼，就會與神相遇。

「神」不一定是你以為的那個樣子，可能只是黎明的天光或陌生人溫熱的湯。對我而言，在光的引導工作中，於療癒神殿的冥想詞裡，偶會有海豚出現，洄游在我們身邊，引導與陪伴人們，潛入更深的療癒海洋裡接收療癒。那海豚的比喻，幾乎是每回無懼地躍入恐懼的大海能經驗到的——神性溫柔的陪伴。

於是，當我們願意在幸福不在的時刻，反身向內觀照自身，無懼且充滿責任地，一步步往內，就能穿透需求、慾望、執著、匱乏、創傷……。當這些自我的內在一一消融與穿透之後，再往內，會碰觸到對過往的遺憾與悔恨，這時候，我們得透過放手，不再想要抓回過去的什麼，只把眼光放在此刻我所擁有的。因為失落而能湧出深情來珍惜，在珍惜中感恩著，在感恩中臨在著，這時候，會形成一種很深的幸福感，這幸福感不是甜蜜的滋味，而是甘甜的滋味。這甘甜，是在諦念中毫無所求地知覺此刻的感官體驗，因為深層而穿透，所以連喝水都能喝出甘甜滋味的謙卑。這就是第二層次的看見。

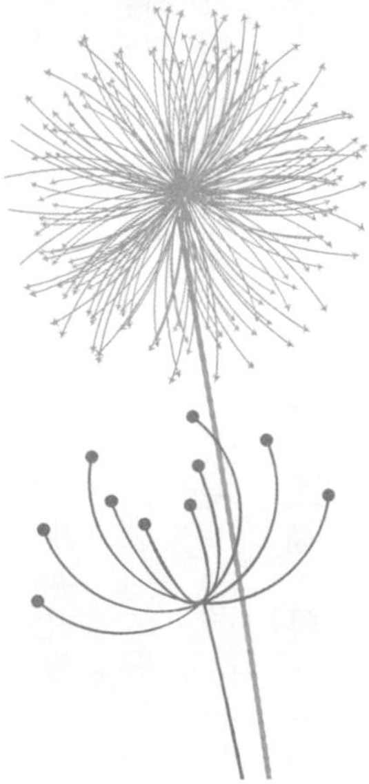

這條看見的道路，我不只帶領別人走，自己也走過無數回合。

因為深情，每次我的失落都特別苦，這條路也走得特別深，父親驟逝的失落、老家被拆毀的失根、處理第一段婚姻與失婚時的無助哀痛、弟弟被囚禁而無法見面……。

這些我是怎麼渡過的？在傷痛與艱辛中我總是一次次，觸碰到更深處的力量。因為諦念所以我不會在失落時抓住，因而能在失落中流浪。我醒悟到，我總是因為執著而抓得太緊，所以生命來搖撼我，用這些苦痛與失落來搖動我，讓我能一次次抖落那些我以為沒有就不行的東西。當我將執念與虛妄放開後，我就有了更底層的力量。

放手，是減法的幸福。看似是生命與我們過不去，想奪去我們的珍愛與擁有。其實卻是生命來敲敲頭，喚醒我們：「喂！你緊抓不放的是過時的寶貝，那些不重要的東西，反而阻擋去你觸及生命的真實與活生生的愛。」生命帶來了新鮮空氣，要我們放下攀附的房子去到曠野，才能真正地呼吸。

Me這音調，包括一層一層的看見，我寫在下表。諦念已經在上頭詮釋了，第一層次的看見，在第二章已經詮釋。第三、四層次的看見，會寫在表格之後。

Me 看見	看見什麼？	看見後有什麼用？
第一層次：心理看見面對的幸福	言行背後的：需求、慾望、執著、匱乏、恐懼、創傷	從外境的牽絆中解脫，不再被捆綁於無奈與無影響力中。回歸自身的力量，找到可療癒的點，以及可行動的方向
第二層次：靈性看見臨在的幸福	諦念：接納所有外層的真實之後，此時此刻能擁有的最大珍惜	再也不受遺憾與悔恨牽絆，有力量地接納所有的失落，讓自己站在生命的最底層，那無法損傷的此時此刻，珍惜感恩，活著
第三層次：預見恩典信任的幸福	未來的幸福：最終，在所有祝福與努力後，最純淨的幸福可能	再也不受限於擔憂與悲觀，使用光直直穿透所有的困難，看見那最後的美好可能，感受到來自天地的祝福與支持，讓希望陪伴每一步的努力
第四層次：看見意義，幸福進行中	所有遭逢背後的：祝福、意義與深奧的溫柔	再苦也不執著於失望與埋怨，因為深深信任著，每一步的遭逢都是為了造就自身的完整。表象的苦背後是深刻的祝福。於是，活在力量中，與命運手牽手，簽下活出祝福的盟約

未來因：恩典與大溫柔

在父親驟亡以前，我活在一種「爸媽會陪伴我一輩子」的虛妄中。但如同晴天霹靂，父親因腦出血而離開了，溫柔的老天爺給了我們五十二天加護病房的準備期——分手的告別準備期。那一次，我抖落了心愛的人不會死去的虛妄幻想，而感受到與父親之間，豐沛的深情與摯愛。

父親喪禮後的十年內，我在夢境中一次次墜落於死亡的恐懼和無依的恐慌中，夜半夢醒，我總是能溫柔哭泣與哀悼，有時點燈陪自己，有時窩在丈夫的肩膀感覺自己活著。而在活著的日子裡，我重新長大，當「人必然會死去，所愛的人也會無情被帶走」的真實帶入生命之後，我再也無法活在原來的世界中了。原來的世界，我有著安穩的高中物理教職，有著準備結婚的初戀男友，但我不知道自己要不要跟他結婚，因為我的哀傷與深痛，無法因為他而安然。就這樣，在夜夢裡驗證哀傷歷程，在白日清醒的時刻，我一一放手，讓不是我的離去，帶入更多的是我的新生。我放棄物理，放棄我很愛的物理教職，然後我失去了婚姻，我丟棄多年來母親述說父親的慣用老故事，我迎入心理學，開始重新為父親以及自己說故事。這一路又一路，我長成今日的自己。

這些際遇，可以用一種獨特的靈性邏輯來看：

♥那些從父親驟逝之後的種種際遇，成就了今日的我。

♥如果沒有那麼多的苦與際遇，也不會有今日的我。

♥死別的喚醒以及種種抉擇，開展了一條路，道路的前方正是今日的我。

♥彷若，一種神祕的默契，為了今日的我，所以有了過往的種種。

♥在父親去世時，我絕對無法料到，幸福正在二十年後的前方。

♥我相信，未來有個幸福等著我，而今日種種將引導我走向那個「超越原來框架」的幸福。

♥為了成就那個幸福，所以有了今日的種種。

♥今日的種種，無論現在的我如何難以接受，背後有個深奧的溫柔，雖然我還無法懂，但我願意信任意義已經在其中。當我信任，就支持了祝福的彰顯。

♥我雖對幸福什麼時候會到來沒把握，但我有信心，我能活出此刻的意義。

在第一章提過的文學名著與卡通「小英的故事」，其中有一段，最讓我動容。那是

小英的媽媽在旅途中因為過勞而重病，再怎麼堅強的意志力都無法陪伴小英走完全程，媽媽在病塌上，撒手歸西之前，交代遺言的一幕。

看完那一幕，幾天內我都沉吟著，思考：是什麼樣的人格，會讓小英的媽媽，在臨終前，看著無依、沒錢、還有難關在前的女兒，能說出「媽媽已經看到了……媽媽看到妳的幸福，小英，妳會幸福的。」成為臨終遺言呢？因為，小英的媽媽看到的不是表象，而是內在更深的：「小英，媽媽一直把妳教養成誠實坦白，能愛人的孩子。小英，你要記住：『想要得到愛，先要去愛別人』。」

在卡通的圖像上，小英的媽媽在說出最後一句話時，眼睛凝望著遠方，小時候常看連續劇的我本能想著，她應該會說：「小英，我已經看到妳爸爸要來接我了。可憐的孩子，接下來你要一個人去找爺爺，媽媽真放心不下，妳一定要堅強喔！媽媽……媽媽對不起妳。」我這受到連續劇教化的心靈，依然有著非臨在的哀怨與擔憂。而卡通呈現的，是一位有力量的媽媽，她眼睛凝望著遠方，彷若真的看見什麼地清明，她說：「小英，媽媽已經看到了，妳的幸福。媽媽看到你未來幸福的模樣。小英，妳一定會幸福的。」我會說，這是在諦念下，澄澈的信任。在最黑的森林裡最清澈的流泉，媽媽給的祝福，充滿力量與光，這些話陪伴著小英單獨旅行，以及與爺爺和好的一路行程。

我們家的孩子，很害怕看悲慘的故事。而許多勵志卡通的第一集，通常是主人翁的父親或母親去世的開始。於是我學會了一種陪他們看勵志卡通的方法，就是先播放後面的幸福故事。後面，主人翁的旅程已經到了末了，到了幸福可以外顯的時刻。家裡的兩個小孩，看完了讓人振奮的幸福結局之後，就會開始好奇，主角是怎麼走到此處的？也因為預見了未來的幸福，所以孩子能充滿信任地凝視困難或受苦。

這充滿信任非常重要，他們不會在看著主角生重病、被困住、遇到壞人或失去金錢時，用擔憂與害怕看待，而無法面對。八歲多與四歲多的孩子，在希望中信任著螢幕裡讓人受苦與抱不平的故事。而那八歲多的男孩，竟然在看卡通時，領悟出人生的真理。

看「小天使」時，他說：「如果沒有現在的生病夢遊，就沒有可能回到阿爾卑斯山跟爺爺團圓了。」看「小英的故事」時，他說：「如果沒有壞人欺負，小英就不會住到爺爺家。」看到媽媽死去的那一幕，他說：「我不害怕，因為小英後來很幸福。」聽到孩子這樣說，我感動的是，這個還沒經歷人間疾苦的天真孩子，竟然有著諦念的味道，和未來因的智慧。

未來因，是靈性哲學的一種邏輯。因果因果，並不是過去種因現在來體驗果。而是因種在未來，為了未來能完成某種功課，或達成某個目的，於是有了此刻的果。此刻這些果，用來體驗與品嚐，但不是目的，目的是未來的成就與幸福。換個簡單的邏輯就是：「因為要有未來的幸福，所以此刻我正在通過這些。」或是，更單純地撇開邏輯來說：「無論此刻怎樣，對未來的幸福，一定是顯著的貢獻。」

暢銷書《最後14堂星期二的課》被翻拍成電影。故事是作者米奇的傳記敘事，描述他與罹患漸凍症的大學教授莫瑞之間深刻的互動。米奇是個出色的運動主播，每天像空中飛人似的追著球隊跑，在飛機上寫作，講手機時還要看球賽或新聞。莫瑞是個七十多歲的老人家，他公開了自己即將死去的消息成為新聞，希望人們能從死亡身上學習。年輕的米奇從新聞裡得知大學時最愛的老教授將死的消息，幾經掙扎，於是他每個週二飛回老教授的身邊，親臨學習老教授的人生智慧。從世俗之眼看出去，莫瑞的病讓他失去了種種珍貴，他逐漸無法控制四肢，從腳部開始往上蔓延的肌肉痿縮，若來到上半身，就無法呼吸。因為疾病，他失去行動自由，失去自理能力，他開玩笑地說，「我最怕的就是有一天連擦屁股都不能自己來。」他生平最愛的兩件事情，美食與跳舞，也被迫放棄了。

在電影的特寫表情裡，病中的莫瑞在說話時，都散發著光，靈魂精神炯炯地透出活著的火焰，燃燒了窩在他身邊，身體健康心靈卻逐漸痿縮的米奇的心。我會說，莫瑞將死的身軀也羈絆不了他靈魂熊熊的火焰，他就是那凝視著米奇的修行人。而撇開視線不敢凝視死亡的米奇則是坐在寶盒上，不知寶光在其內，找不到鑰匙，汲汲奔命汲取財富和名聲的乞丐。

米奇和莫瑞擁有十四個星期二，而全世界透過米奇，分享了這珍貴的十四堂課。世俗所鼓舞的外在成功（知名高薪的運動播報記者），並沒有帶給米奇喜悅與幸福，也許有快感與快樂、驕傲與瞬間滿足，但在電影裡，在莫瑞寧靜安然的襯托之下，米奇顯得倉皇而空虛。

我曾描述過，當你往內走，先得通過內在的荒原，才會到達內在的繁花盛開。成功的米奇在遇到莫瑞前正進入生命的荒原期，成功卻虛無，滿滿的行程與成就卻感受不到意義，連摯愛的女朋友都想跟他分手了。是莫瑞溫柔而堅定地擁抱了他，莫瑞的大手，在他掉落懸崖的時刻接住了他。莫瑞用他的風燭殘年所展現的生命之火來照亮一條新道路。終於被老闆炒魷魚也終於被女友fire的他，剛好靜下心來，面對自己的恐懼——對愛的恐懼、對活著的恐懼、對組織家庭的恐懼。

當這兩個人相遇，意義之光忽然在他們身上雙雙彰顯而出。米奇最後，依然回到播報臺，繼續擁有原來的生活方式，但意義再也不同了。莫瑞生命最後十四週的話語，啟發了無數人心。我們很難在當下，就知曉此刻的意義是什麼？但我們能在十年、二十年後，回顧到當年的意義。那有沒有可能，即使不明白此刻的意義，依然相信此刻就是有意義的呢？

在幸福的Do-Me-So-Do裡，更深地看見之後，就能穿透苦難，進入諦念帶來的恩典中，這些層次的「看見」如下頁表格所示。

更深的看見，帶來幸福的恆常。恆常的幸福離開無常的牽累，活出一種「無論如何都在力量與信任中」的光彩。有三層很深很深的看見：(1)我接納所有現況，包括死亡，珍惜著此刻的擁有，因為最本質的，都不會失去；(2)我信任此刻朝向未來

的幸福而去，而那幸福，即使無法想像，我依然信任；(3)我信任此刻就是有意義的，即使我還沒找到，但我相信。

承認	客觀事實：外在客觀，能被眾人所驗證測量的現象(facts) 外境：環繞在我之外的現象	承認已經發生的
	主觀真實：體驗者透過信念與慣性篩選的體驗，和解釋(realities) 表層的主觀：慣常把不幸往外推，幸福不在我之內的詮釋	承認我有影響力
看見	承認後的主觀：需求、慾望、匱乏、恐懼、執著、創傷	看見慾望與傷痛
	生命真相：各種層次的終極真實(truth) 真實一：諦念：無常與禍福相依的流轉人生 真實二：恩典：無論如何此刻就是恩典，前方是內祝福的 真實三：臨在：當下就是意義，當下已然圓滿	看見最本真最重要 看見未來的祝福 看見此刻的意義

幸福停看聽

1. 尋找你的不幸福時刻，找到那時缺席的自己。
2. 找到一個「得不到之苦」或「執著之苦」，去問問在那個執著的背後，你終究要的是什麼？你逃避的是什麼？
3. 你生命裡，經常出現的恐懼是什麼？
4. 模仿第二節，終究諦念的探問，來問自己。
5. 找一部電影、小說或真實故事，來詮釋看見的深層：諦念、未來因、當下即意義。
6. 回顧生命，去說說過去你無法感受到，但到了現在，你已經活出外在幸福，去尋找當時，這事件的意義。
7. 你的生命有沒有一些當下即意義的恩典時刻？

第五章

與愛相遇，以愛臨在

不幸福之人有個特色是，活在過去或未來，把精神用在消除不安全感。幸福的人活在現在，感謝每一天，和宇宙大愛連結的通道下，把每日交給宇宙大愛，逐漸地，讓宇宙大愛支持成為後靠。無論你幾歲，就從此刻，迎入宇宙大愛，就朝向了愛。

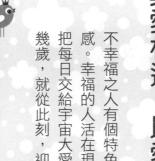

愛不是恩寵而已，愛是意志與修行

有個故事一直深印在我心裡，在演講時也講過好多回。故事的主人翁是一本書的作者，也是美國知名的危險預測專家，他擔任過雷根與布希總統的安全顧問。他的工作是幫人評估威脅信件是否構成真正的威脅，協助危機管理，教導人們預防暴力。這本書為《求生之書》(*Gifts of Fears*)。在書中，作者貝克 (Gavin de Becker) 從自己童年的創傷描述起，他說出自己如何目睹媽媽用槍射殺酒癮和暴力的父親的場景，也說明自己如何從充滿恐懼的童年裡，培養出他預測危險的天賦，並以此為專業，提供人們服務。故事最讓我動容的不是這驚心動魄的開場，而是他說到：

他以一位成功的危機預測專家的身分，到監獄裡演講。講述了童年的遭遇，以及他感恩藉此找到專業而成功的故事。這時候，有位受刑人問他：「看來我的童年跟你差不多，但為什麼現在，你站在講臺上，而我蹲大牢？」

他在那瞬間愣住了，他從沒想過這個問題，何以他能有別於大多數的破碎童年的創傷孩童，成就亮麗的人生？於是他回去沉思人生，想起了童年，他搬過很多次家，但有一回，在住家的附近有一所教會，那個教會有一個神父，他經常在非正式的時間去找那個神父，在不算長期的相遇期間，神父讓他感受到了愛。他最後，回答那位受刑人，他說：「愛，因為我被愛過。」

難道只有貝克幸運地遇到一個真愛之人？所有的受刑人從來沒有嗎？我相信，一定還有些人，即使遇過許多真心相待，無條件的愛灌注，依然有迷失與犯錯的時刻。被愛過很重要，但愛不是恩寵而已，愛還是一份修行與意志。許多人都被愛過，但缺少了選擇去愛的意志，缺少了在日常生活清醒的時刻，所以，愛成為裡面的潛能，而不是實踐在外的光芒。再一次，乞丐與豐盛之人的分別，不再於誰擁有多少寶藏密封在盒子裡，而在於如何使用資源而活在愛中。

那位神父對貝克而言，啟蒙了愛、示範了愛。而貝克選擇了實踐愛，選擇了放下並穿透所有創傷與混亂，回到愛並實踐愛。而那發問的受刑人，他在許多時候因混亂或創傷而衝動，遺忘了許多被愛的時刻，讓混亂的內在主導而行動時，就會吸引來混亂，成為混亂下的受禁錮者。

我們每個人的內在，都同時有著混亂與秩序、創傷與完好、痛苦與愛。最重要的差別不在於我們內在有什麼，而是這個當下我選擇什麼？我知覺到什麼？我選擇實踐什麼？只有這個當下，是我能掌握的，也是我能選擇的。若我把意志力放在「選擇愛並實踐愛」，即使我上一個時刻錯失覺察與抉擇而被混亂或痛苦所主導，但這個時刻依然是我的機會，雖然困難，但我使用意志力聚焦，讓光聚焦，讓愛勝出。

貝克的《求生之書》，最獨特的創見是「恐懼的恩賜」(gifts of fears)，他生命的恩賜與天分，是從童年的恐懼生活中學來的，他在書中教導讀者，要聆聽自己的恐懼。恐懼有兩種，一種是嘮叨的煩憂擔心，另一種是無聲的本能直覺。貝克說，那些帶著嘮叨的煩憂擔心不是真正的恐懼，它只是讓我們迷失的假警報，這些憂慮來自制約、教導，不是內在守護生命的動物本能。而真正有力量的恐懼，來自於生命存活的本能，那是無聲的，是能帶領我們脫離險境的。重點是，你聆聽哪一種恐懼？你能否穿透並不受憂慮的制約，安然地聆聽內在的靜默之聲，讓直覺與身體帶領你，於是你能知道如何保護自己。貝克能回歸本質，無論是聆聽恐懼或實踐愛的意志，都穿透了混亂與痛苦因子，在澄明的清澈中，實踐他的天命。當愛成為意志與修行時，實踐就不遠了。

練習 1

寧靜而不抱怨

有位人類學者，曾經記錄了他在叢林裡觀察鹿的心得。他親眼目睹一頭鹿被獅子所追趕，鹿沒命地奔逃，直到牠躍過一條小溪，獅子因為跳不過而放棄，才逃過危機。而讓他驚奇的是，這頭鹿就在溪邊樹叢裡吃起嫩葉來了。牠優雅而輕盈地，抖抖身上的水花，就像抖掉了恐懼一樣，當下立即安然，無視於獅子在溪的另一端興歎，享受起眼前的美食來了。

你也讚嘆嗎？貝克會說：這頭鹿絕對是恐懼專家，牠沒有被恐懼的陰影所困住，牠沒有被想像中的恐懼所煩憂。未來，還是會有被獅子追的危機，但眼前這個當下，沒有恐懼。牠沒有殘留憂慮，也沒有殘留對獅子的抱怨，牠就是純淨地，看見樹叢的好吃嫩葉，好好吃著，滋養生命，活得優雅無比。

相較於動物，人類因進化而懂得思慮。我們享受著思慮所帶來的文化與現代化，但思慮所帶來的慾望與恐懼，無時無刻不捆綁著我們，讓我們無法在當下安然與享受。

是到了放下陰影的時候，是到了讓思慮澄明無雲、活在身體與直覺之中的時刻了。由於我們沒有動物的天賦，我們要使用意志力來選擇，選擇不再被危險的憂思與想像所捆綁，而活在澄明的愛之流中。

不抱怨的手環

1. 請參考《不抱怨的關係》一書，找一個簡單的手環帶在手腕上。

⑴不抱怨運動，是美國愛荷華州的一位牧師所提倡，已成為全球風行的潮流。

⑵臺灣有人曾經進口紫色的運動手環，上面印有「No Complain」，網路上可以找到。

⑶最簡便的方法，是女孩子綁頭髮的束帶或橡皮筋，這就夠了，本質無差別。

⑷時髦一點的，找一般的運動手環也行。簡易隨手就能拿下並更換是重點。

⑸手邊有念珠，也是很簡單的替代品。

2. 許諾，覺知內在的抱怨，不讓抱怨出口。

3. 如果你讓抱怨出口，就將手環換手戴。

4. 無須在乎是否抱怨了，或是否手環頻頻換手。能覺知，就是進步。

5. 看看你能否拉長不抱怨的延續時間。半天？一天？三天？二十一天則是形成新習慣的關鍵指標。

6. 這就是「愛的修行」。

(1)不抱怨，讓負向能量不再散播與彰顯。

(2)久而久之，會吸引正向能量，堅定選擇愛的意志，是個福氣修行。

7. 有時候，你還是會有需要抱怨的時候。這時候，也請別苛責自己，你可以大方地取下手環，有覺知地抱怨。抱怨時，可以參考第二章「步驟Do：承認」，或單純注意以下原則：

(1)區分客觀現象，中性地描述。

(2)說出你的主觀看法，不帶批判。

(3)說出：「我不喜歡……」「我不滿……」「我不同意……」。

(4)說完之後，就放下，對所抱怨的對象在心裡頂禮，說聲抱歉：我站在偏見之中。

(5)然後將手環換手，戴回手上。

練習2

在恐懼裡游泳

人的本能是逃開恐懼。而貝克所倡導的則是動物本能，動物應用恐懼來求生。要實踐愛，就得擁有動物本能，動物的智慧依循著古老的遺傳基因，知曉萬物一體的族群生存法則，不眷戀生，也不過度畏懼死亡。

無懼的力量，來自於活在萬物一體中。

若有恐懼或煩憂、痛苦或害怕，就融入吧！用盡全力融入，如同鹿的奔逃一樣。鹿不是逃離獅子而已，鹿是奔向活著。我會說，在平日就練習融入恐懼而讓之散去，等你一次又一次學會澄明地經驗之後，你就越能聆聽到內在的純淨能量流，無論是真實的恐懼之流，或是明亮無比的愛之能量，都充滿了力量與祝福。愛的能量，是更細緻的高頻能量，惟有我們能不受干擾通過各種低頻率的憂思或混亂能量，才能享有這份寧靜，聆聽到內在那恆常無歇息的愛之歌聲，也就是時刻流轉的神性之愛。

覺知身體的流，來到當下

這是一個冥想，請先朗讀幾次以下的臺詞，用鉛筆修正不合你脾胃的詞句，然後找個安靜的時刻，用能帶給你寧靜與喜悅的音樂當作背景，為自己錄音，你就能進行冥想了。若你覺得這些步驟麻煩，那麼你可以請朋友為你朗讀，慢慢地朗讀，配上音樂，其實就是一種冥想了。或者，你可以上心之徑❶網頁下載。

你已經準備好了，你願意給自己全然專注的二十分鐘。為此，你找了個安靜的環境，關掉了手機或電話，給了自己好聽的音樂，你決定，在這二十分鐘以內，不讓任何人來打擾你，你只專心跟自己在一起，全心全意。你做好決定，要活出合一、無分別的人生。因此，無論是緊張或放鬆，你都一視同仁，無論是痛苦或幸福，你都專心去覺知，無論是呼吸悶著或流暢，你儘管去覺知，然後，讓那些不是生命的離去，讓那些不是愛的被放手，讓那些不在光中的回到光中，你感覺自己，越來越美好。

現在，請你覺知你的身體，（停頓……）從哪一個地方開始都好，就是去覺知你的身體（停頓……）（停頓……），也許，你喜歡感知你正在呼吸，吸氣與吐氣，（停頓……）也許，

❶ 心之徑：http://www.heart-path.com。這是理書的冥想下載網站，這個冥想，可以「無料供應」喔！

你喜歡去察覺身體裡緊繃的地方，（停頓……）身體哪裡有緊繃，（停頓……）儘管專心跟緊繃在一起，跟自己說沒關係，好奇那些緊繃，是用什麼樣的型態存在於你的身體？（停頓……）當你更專心持續覺知呼吸，那些緊繃如何轉變？（停頓……）你開始好奇地發現，在那緊繃的下面，有另一種能量流，不太一樣，是更放鬆而自在的。（停頓……）你體驗著緊繃，聽見自己說沒關係，同時，還看到身體裡有顏色或光，（停頓……）感受到另一種能量流。（停頓……）你對身體的感覺，超越固體的覺知，而逐漸體驗到，身體也是一種能量的存在、顏色、流體或感覺。（停頓……）（停頓……）

也許，你喜歡去察覺你的恐懼，鮮明的或不明顯的恐懼，即使你沒有清晰的覺知，也能在此刻去捕捉身體的能量流，就當作你體驗到的能量流，就是恐懼的某種形式。（停頓……）帶著好奇體驗著，並深深地融入，（停頓……）儘管專心跟這些能量流在一起，無論是什麼，都跟自己說沒關係，好奇那些恐懼，是用什麼樣的型態存在於你的身體？（停頓……）當你更專心持續覺知呼吸，你能體察到恐懼如何轉變？（停頓……）你好奇地發現，在那恐懼的流下面，有另一種能量流，不太一樣，是安然而有力量的，是安全而有智慧的。（停頓……）你讓自己浸泡在這些能量流中，也許有顏色或光浮現，（停頓……）也許有些畫面消融了、離開了，再也不捆綁你了。（停頓……）感受到另一種愛與光的流動，（停頓……）你對身體的感覺，超越了固體的覺知，而逐漸體驗到，身體也是一種能量的存在、顏色、流體或感覺。（停頓……）（停頓……）

就這樣，你讓自己做幾個深呼吸，讓呼吸帶著你回到表層意識，日常生活的狀態。你慢慢回來，覺得很好。世界一樣安好，而你更澄明地在力量之中。如果你需要，記得打開手機或電話。

這練習你可以經常進行，無論你在練習時有什麼體驗，你都在進步中。經常作這練習，你會越來越熟練地穿越各種愛的阻礙，對於決心選擇愛、實踐愛的你，是最基本的練習。

練習 3

帶入幸福的活動

帶入幸福，需要從事本質即是幸福的活動。這些帶來幸福的活動，能讓你自然而然擁有內在的空間，於是你更能聆聽美好，而選擇愛。這些活動能動用到你創造能量或跳開日常運作的腦神經區域，因此這些活動必然是你享受的。去找出你享受、喜歡的來做，底下列出來的，僅供參考。這些活動的目的是放空，讓自己活力復原。

1. 藝術活動：自由畫畫、曼陀羅色本著色❷，或自己創作曼陀羅。固定十到四十分鐘進行創作。
2. 自由舞蹈：放音樂自由舞蹈，至少二十分鐘。結束後，安靜坐著，謝謝宇宙大愛的流入。
3. 和孩子玩耍：放下一切，專心地和孩子玩耍，至少二十分鐘。
4. 做自己喜愛的運動：單車、游泳、瑜伽、球類、武術、跑步等。

練習 4

和宇宙大愛連結、吃好能量的食物

一般人很難想像，連走路的方式、眼珠子的習慣，或吃食的內容，都影響著我們

❷ 請在網路搜尋引擎輸入：「曼陀羅著色」的關鍵字，可以找到能下載的著色圖案，請用色鉛筆著色，這是一個和諧能量的小活動。或是，你喜歡購買著色本，也能在此關鍵字搜尋中找到。

快樂或不快樂。身體的毒素阻滯了消化的順暢，低新陳代謝率帶來一動就沉重的身體。這樣的身體感官比較遲鈍，幸福的細緻感受或性愛的愉悅感受都不多，要去行動給出愛時覺得負擔大。簡單一句話，健康的人容易實踐幸福。

1. 和宇宙大愛連結：在底下幾個活動裡，挑選你能進行的，一週至少實施三次以上。

(1) 在白日，有陽光的日子，光腳丫踩踏草地。至少十五分鐘，跟大地道謝。

(2) 在綠地裡，遇到自己打從心裡喜歡的大樹，抱著樹幹，做幾次深呼吸，跟大樹道謝。

(3) 吃些根莖類的粗食：地瓜、馬鈴薯、芋頭、蓮藕、蓮子、紅蘿蔔、白蘿蔔、甜菜根、山藥、牛蒡。

2. 吃好能量的食物

(1) 選擇食物前，閉上眼睛用心與食物連結，確認這個食物對你有好的影響。若真的感受到不好的影響，請相信直覺，不要吃或只吃很少的量。

(2) 飲食的量不要過度，過量的食物會影響清明的心智，大約七分飽最好。對經常過飽的人，這習慣不容易養成，可從細嚼慢嚥，專心吃食開始。

(3)吃食前，可以做食物祈禱，盡量轉化能量，使之成為好能量的食物：「謝謝大地與天空，提供給我如此健康的食物。謝謝宇宙大愛為我淨化食物中，無法滋養我的成分，謝謝食物成為我身體的一部分。」

練習 5

排除舊能量

釋放舊有的、古老的能量，在能量層次上會帶給我們自由。整理房子、回收老舊不需要的物資、清理身體，讓各種累積在身體的廢物移除，這些行為都在支持著我們情緒釋放與淨空。幸福的體驗，除了正念之外，需要一個清明的感官，淨化與排毒可以幫忙。就來做吧！淨化與排毒，是現代的顯學，此處提供簡單的三種方法。

1. 早晨用油漱口：這個方法除了清除口腔細菌照顧牙齒之外，還能提升你的食物敏覺度，養顏美容，也是一種淨化血液的方法。它很簡單，持之以恆，你能感受到自己的純淨出現。

(1)早晨起來，用一湯匙冷壓的油漱口，讓油留在口腔內三到四分鐘❸後吐出。

(2)完成用油漱口後，若希望口氣舒適可以再用海鹽水漱口。

2. 洗澡前用乾菜瓜布刷身體：這個方法可以刺激淋巴排毒並促進皮膚的新陳代謝。

(1)原則很簡單：以心臟為中心，上半身由上往下，下半身由下往上，若大面積則以順時針繞圈圈。力道則自行判斷，以保護皮膚為原則。剛開始會有些微刺痛屬正常現象。

(2)刷遍全身即可洗澡。

3. 泡澡釋放負能量：若一整日覺得很累，或置身在情緒波濤中，想體驗深層的治療，那就在睡前或一日結束時，作釋放負能量的泡澡。

(1)蘋果醋泡澡：用一杯蘋果醋（約二百毫升）泡熱水澡，約二十分鐘。泡澡後，讓雙腳觸碰大地，雙手高舉，謝謝天地為你淨化。

(2)海鹽泡澡：用適量的海鹽（粗鹽，古老雜貨店可買到）放在浴缸中，泡熱水澡，約二十分鐘。可補充陽性能量，讓負向能量自然離開。

---

❸ 有些書說越久越好，但有些書說，過久口腔會再度吸收那些毒素，請自行斟酌。吐出時請吐在垃圾桶。

練習 6

穩定情緒的飲食

在《男女大不同：身心健康對策》裡提到，影響情緒的兩大營養素，男女有所不同。對於有競賽需求的男性而言，穩定的多巴胺濃度可維持良好的活力與專注。男性補充多巴胺的重點是補充 omega-3 油，魚類與堅果是最佳的推薦。對於需求語言親密的女性，穩定情緒的則為血清素，血清素在血液的濃度穩定能支持情緒穩定。女性要注意的是記得吃早餐，補充一晚匱乏的血清素。血清素在碳水化合物、穀類食物中含量就已足夠。

1. 多巴胺：奶製品、肉、魚、豆類、豆製品、堅果等。
2. 血清素：碳水化合物為腦部提供能量，並提供製造血清素的色胺酸，義大利麵糰、澱粉含量高的蔬菜、馬鈴薯、穀類、麵包等。

練習7

給出道謝與愛能量

說我愛你與道謝，是打開幸福能量的最佳咒語。在好狀態的時候說吧！盡量為自己開啟神祕的幸福之流，吸引宇宙大愛到來。

1. 保持一個意識，當有好感受時，把這好感受送給這世界，可在心裡想或說出來。久而久之，這方法將為你和世界之間，創造一個感恩與愛之流。例如：

(1) 謝謝太陽的明亮，太陽我愛你。

(2) 謝謝涼爽的風，涼風我愛你。

(3) 謝謝好喝的豆漿，豆漿我愛你。

(4) 謝謝＿＿＿＿＿＿，＿＿＿＿＿＿＿＿我愛你。

2. 讚美與感謝自己：

(1) 對自己說，我愛你。

(2) 我真的好棒。

(3) 雖然＿＿＿＿＿＿＿＿但是我做到了，已經進步了，真了不起。

(4) 我好喜歡自己＿＿＿＿＿＿＿＿的樣子喔！

練習 8

為生命迎入好能量

這練習讓我們用能量心理學的穴道敲擊來放入正向信念。這些穴道，是內在經絡中，與情緒相關的關鍵穴道，輕輕敲擊就能梳理能量並讓裡面的負向能量釋出，在敲擊時說著正向語言，能將這些語言的能量帶到經絡循環中，等於在能量層次深深放入。

在這裡，我們選擇三種正向語言，一個是最根本的自我態度：「無論如何，我接納並深愛自己。」或是「愛在我之內，愛在我之前，愛在我之後，愛四面八方環繞著我。」自愛以及被愛環繞，是療癒的關鍵，也是幸福的基本態度。這愛的豐盛信念，並不是世俗

的觀點，也因此，我們的內在幼兒不太相信愛如此無條件，當這兩個愛的正向信念在內在流動時，許多療癒的機會因而發生。第三個正向語言則是神聖的唱頌，OM 的聲音。OM 是梵語聖讚的聲音，傳說中為宇宙初始的聲音，是一個神聖的唱頌，帶來許多和諧與淨化。唱的時候，使用 Do 的音調，深吸一口氣唱出，直到氣盡。

敲入好能量

1. 每日至少做一回，一個穴點至少三十秒，一秒約敲二到四次，用中指腹輕輕敲擊下頁的穴道❹，並參考下頁的圖。
2. 敲擊時，放入以下的正向能量，任選其一。
   (1) 正向肯定句：「無論如何，我接納並深愛自己。」
   (2) 正向肯定句：「愛在我之內，愛在我之前，愛在我之後，愛四面八方環繞著我。」
   (3) 唱頌 OM，永恆的神聖聲音（嗡，用一口氣，很長的唱頌）。
3. 穴道條列

❹《敲醒心靈的能量》。心靈工坊出版。Roger J. Callahan & Richard Trubo 著。

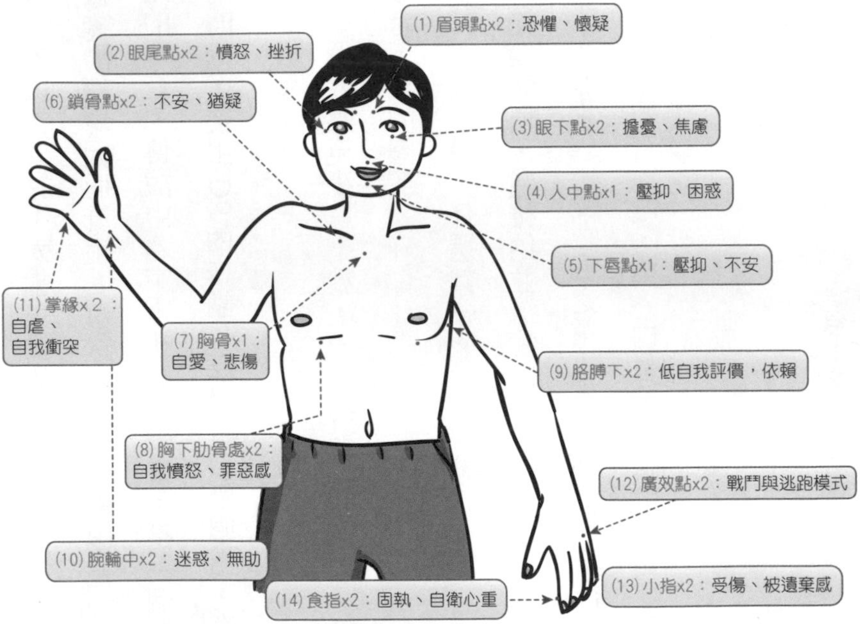
(1) 眉頭點x2：恐懼、懷疑
(2) 眼尾點x2：憤怒、挫折
(6) 鎖骨點x2：不安、猶疑
(3) 眼下點x2：擔憂、焦慮
(4) 人中點x1：壓抑、困惑
(5) 下唇點x1：壓抑、不安
(11) 掌緣x 2：自虐、自我衝突
(7) 胸骨x1：自愛、悲傷
(9) 胳膊下x2：低自我評價，依賴
(8) 胸下肋骨處x2：自我憤怒、罪惡感
(12) 廣效點x2：戰鬥與逃跑模式
(10) 腕輪中x2：迷惑、無助
(13) 小指x2：受傷、被遺棄感
(14) 食指x2：固執、自衛心重

(1)眉頭：位於兩眉眉頭之處。與恐懼、不信任、懷疑等情緒相關。

(2)眼角：位於兩眼眼尾距離眼角約半指寬之處。主要與憤怒、挫折感、急躁、尖刻怨恨等情緒相關。

(3)眼下（簡稱「眼」）：位於兩眼下方眼眶的中央。與擔憂、焦慮、一意孤行、惹人厭煩等情緒或狀態相關。

(4)人中：位於上唇與鼻孔下方之間，上三分之二處。與壓抑情感、困惑有關。

(5)下唇：位於下唇與下巴之間，上三分之一處。與壓抑情感、不安有關。

(6)鎖骨：位於鎖骨下方之凹處，沿著鎖骨與胸骨交接處下滑一吋，再往外各滑一吋。與不安全感、猶疑不決、牽掛不已等情緒相關。

(7)胸骨：這是心輪的穴道，與悲傷、自愛、自我鼓舞有關。

(8)最下方的肋骨縫，乳頭正下方：與罪惡感，自我憤怒有關。

(9)胳膊：位於兩隻胳膊下方，身體正側面，與乳頭同高之處。與低自我評價、絕望、依賴、需要他人等情緒或狀態有關。

(10)手腕腕輪正中央：與迷惑與無助有關。

(11)手掌外緣中點（心理反向點）：大約位於手腕與小指連線的中間位置。此點稱為心理反向點，與經絡系統裡兩極倒置有關，亦即體內的流動倒轉了方向，或受到阻礙。通常心理上有負向或自我排拒的態度，甚至是自虐的行為。使用此點可以解除能量流動的干擾。

(12)廣效點：位於兩手無名指與小指指關節交接處。主神經系統不穩定，與逃跑戰鬥反應的行為模式有關。

(13)小指：位於兩手小指指甲底之處，靠近無名指方向的指頭側邊。受到傷害、被拋棄、失望等情緒或狀態有關。

(14)食指：位於食指指甲底端，靠近拇指那一側。與固執、武斷、自衛心重、完美主義等情緒或狀態有關。

我要用孟母三遷的故事來當作比喻。孟母，她懂得讓孩子住在一個有著美好德行與薰陶的社區，為孩子一輩子的啟航，穩固了正確的方向。而你，是否也擁有孟母的智慧，讓自己的幸福旅程，穩固一個正確的方向？在愛的這條道路，你讓神當你的鄰居，還是魔？你讓身邊環繞著你的，都是神聖與充滿神性之光？還是，讓身邊環繞著你的，盡是扭曲與充滿慾望之流？

《求生之書》的作者貝克，曾經提過他媽媽經常搬家，搬到某個教區，遇到那位啟蒙他、愛他的神父，是影響命運的重大好事。先前我敘述了貝克自身選擇愛的意志與修行，而這一部分，我想更深入感受，神父可能為貝克帶來什麼影響？

我使用第一人稱，來做出揣想：「與神父在一起的時候，我感受到自己靈魂的完好與光亮。」「神父的愛讓我相信，我也能用我會的，去愛別人、保護別人。」「也許，我這輩子最想幫忙的，是自己，是當時目睹槍殺的無助小男孩。神父的信任，讓我從遺憾轉化為信任。我相信，我可以保護同樣在危機中的孩子們。」「神父看待我的眼光，成了我期許自己的眼光，我用神父愛我的方式來愛自己。這份愛，讓我渡過一次次憤世嫉俗、自我放棄的危機時刻。

那份「穿透表象一切，看見內在真我的愛之凝視」陪伴了我通過人生許多挫敗時刻：「是哪個更真實的我，正要破繭而出？而此刻的苦難與困難，所映照的不是真正的我，只是助我破繭而出的蛹？」這是一個毫無批判的眼光，每個當下，當我感覺自己糟糕時，我知道這不是真的我，而真正的我就藏在這表象之中，是充滿潛力的美好存有。

我也用這樣的眼光看待孩子與學生，十幾年的經驗告訴我，當我越能帶著純然的愛看見他們內在的潛能與美好時，這些學生就會蛻變得越快速。一直沒有固定宗教信仰的我，一直到接觸了靈性的哲理之後，才明白這就是神看待我們的眼光——無條件的愛。

對我而言，神並不是宗教或通俗電視劇裡所描述的典型樣貌。與我有最深的觸動，關於神的定義，來自於神話學的學者約瑟夫・坎伯（Joseph Campbell）大師的說法。

也是知名演講師的坎伯到處演講，有一次，有個婦人直直問他：「你說的神我都沒有感覺，我也不認識他們。」坎伯問：「你有沒有深愛的人？」這名婦人在那瞬間臉龐散發著光彩，她說：「有，我深愛著我的姪子。」坎伯說：「那麼，他就是妳的神。」這名婦人非常滿足地點頭同意了。

對我也是，神就是那個讓我醒悟到，我是愛的客體。「人人皆有佛心，眾人皆菩薩」的概念剛好與之映照。著作名為《千面英雄》的坎伯，窮究世界各民族的神話，用象徵的語言，解構出在不同文化中，英雄的萬千樣貌，而歸納出英雄的普同樣貌，並歸類出英雄旅程的必然階段。能穿透表象看見象徵本質的坎伯，同樣窮究宗教的神之樣貌，而歸納出最本質的說法：「你所深愛的人，就是你的神。」用我的理解，也就是，「能啟發我去愛的人，就是屬於我的神。」「無論如何，都能映照出我內在愛的本質的，就是我的神。」反過來，「神，就是無論如何，都愛著我們的人。」「無論我呈現什麼樣的表象，都能看見我的本質，都給予我純淨之愛的存有。」

幸福的「Do-Me-So-Do」——「承認—看見—相遇—實踐愛」在So的相遇階段，我們要學會的是：「與愛相遇，以愛臨在。」讓自己活得像神，活出愛，活出光，活出你的生命本質：

愛＝光＝神＝生命

與愛相遇＝與光相遇＝與神相遇＝與生命相遇

以愛臨在＝以光臨在＝以神性臨在＝以生命臨在

愛在哪裡，光就在哪裡，神的永恆也就臨在，生命力傾透而出。眾神樣貌既難以描述，我想用宇宙大愛來稱之。宇宙大愛，即愛與光 (love and light)，是神性，也是宇宙的創造之始，也是我們的生命本質。「神」是個有形的連結，是個入口，能讓我接通宇宙大愛。而宇宙大愛則是神性能量源頭的通稱，無形無相，是直接的接通。

宇宙大愛，很接近東方哲學的「道」——創造宇宙的法則。而神，則是「神性能量的人格化」或「來到人間的神性代理人」。由於神在文化中很古老了，與宗教文化或政治都有所聯繫，因此，「神」這用字容易在潛意識中勾引複雜感受，因此，我選擇了「宇宙大愛」來稱呼。

在以下的練習，我使用宇宙大愛，作為呼喚神的名詞，若對你而言，稱呼任何其他名字更能喚醒你內在的愛與神聖的感覺，那就不要遲疑。用鉛筆，甚至是原子筆，在這一段宇宙大愛的地方，都換上能支持你與神性連結的稱呼。森林、天空、老天爺、阿拉、菩薩、上帝、關老爺……，這些都是個通道，一個連結的管道，讓你和愛的本源相通。

練習9

祈禱：讓宇宙大愛成為後靠

不幸福之人有個特色是，活在過去或未來，把精神用在消除不安全感。幸福的人活在現在，感謝每一天，和宇宙大愛連結的通道下，把每日交給宇宙大愛，逐漸地，讓宇宙大愛支持成為後靠。擁有宇宙大愛的支持，是最深的愛與安定，它穿越了無常而直指靈性的恩典層次。無論過往父母是否給你足夠的安全感，無論你幾歲，就從此刻，迎入宇宙大愛，就朝向了愛。

這可以透過很簡單的祈禱來進行，在祈禱中感謝與交託。單純地想像宇宙大愛並與之對話，照著這方法實踐，逐漸地，不屬於你的會被消融，真正屬於你的會被創意地融入。若你原來就有祈禱習慣，有清晰的祈禱對象，例如菩薩或耶穌，那是很好的，你就保持跟這些對象祈禱，但參考這裡的觀點，也就是感謝與交託的角度。

1. 早晨祈禱：「親愛的宇宙大愛，謝謝您陪伴我這一整天，謝謝這一天的開始。這一天，我的計畫是＿＿＿＿（請一一說出，或知覺到你今日的行程或目標）。宇宙大愛啊！我把今日交給您，讓我在您的支持下，完成我當完成的任務，那些不屬於我的，也謝謝您收下。」

2. 睡前祈禱：「親愛的宇宙大愛，謝謝這完美的一天，我已經完成了所有我當做的。那些不足的、無法放下的，我都在此刻完全交託給您。謝謝宇宙大愛照顧我的夢境，讓我在夢裡，回到大愛的懷抱，學習與滋養。」

練習10

美好唱頌，與傷相遇

幸福在我之內的So步驟，我們要與神相遇。要如何與神相遇？有許多美好唱頌，都能開啟愛之能量，我們要學會把愛的能量透過唱歌的方式，帶入創傷之處。催眠諮商大師艾瑞克森（Milton Erikson）的學生吉利根（Stephen Gilligan）的自我關係療法❺

裡，教導我們一個很棒的觀點。

吉利根主張，無論是美好德行或創傷都可以身體化，在我們的身體，都能找到與之連結的中心。每個人雖然都不一樣，但都可以找到內在的平靜中心、溫柔中心、愛的中心。同樣地，若我們去覺知某個創傷事件，也能在身體裡找到一個特別的點，當使用手觸碰並呼喚這個創傷事件時，整個創傷能量可以被打開，在心理治療過程裡被運用。具體一點，某個驚嚇事件可以透過某個特別位置的觸碰而被定錨，某個傷心可以透過手心接觸著某個點而被留著不跑掉。吉利根的自我關係療法裡，會讓平靜中心與創傷中心相遇。也就是，同時用兩隻手去觸碰身體的兩個部位。於是，我們可以引導，在創傷事件中依然保持平靜，或是讓平靜流到創傷時的自己。

此外，唱頌神聖歌曲，就類似神聖咒語一樣，能啟動神性的能量流。有接觸佛教傳承的朋友，更能明白這道理。佛教裡有各種咒語唱頌：大悲咒、金剛經、地藏王菩薩真言、六字大明咒等，這些咒語都等於是能量的開啟按鈕，敏銳能覺察能量的人，就能感受到唱頌這些經典時，所帶來的不同能量質地。相似地，在基督教或天主教也

❺《愛與生存的勇氣》。生命潛能出版。

有讚美主的詩歌與禮讚，這些歌曲旋律優美而能量協調，能讓唱的人，環繞在美好的愛的氛圍裡。更廣闊地推演，許多人使用音樂的力量，用音樂來療傷、飼養動物，或促進農作生長。當我們再次回歸「神＝光＝愛＝生命」，就不難理解，這些和諧美好的旋律，如何療癒或滋長生命！

結合以上兩段，要練習的是，使用唱頌的能量，邀約宇宙大愛流入身體中心。身體中心，可能是有困難去愛之處，可能是匱乏或創傷之處，這裡缺乏光與和諧的愛波，在用雙手觸碰能量中心的同時，歌唱著神聖的唱頌，就成為一種能量引導，如同光工作者在做的一樣，使用光與愛來療癒，並促進生命的生長。我們使用唱頌與觸碰適當的位置，讓傷與神性相遇，讓傷與愛相遇，讓傷與光相遇，讓傷能回到生命之流裡。

孟母三遷的故事，讓孩子在正向與良善的環境成長。活得像神一樣，邀約神性之光去到內在陰影之處。讓內在的受傷幼兒，回到神的身邊。讓我們邀約光亮來到內在，當愛越來越純淨，心越來越以萬物大我為依歸，當行為越來越是出於愛時，我們就活得像神一樣，活出內在的神性本質，活在生命的流裡，再也沒有窒礙。

練習11

開啟神性之愛的唱頌

你需要找到自己喜歡的神性唱頌。也許在你原來的生活習慣，已經有這樣的歌聲。可能是一首每次總是會讓你感動、溫暖，覺得回到愛中的歌曲，也可能是一個單音節的吟唱，或是來自某個傳承或宗教的歌曲。

建議最好不要用通俗的流行歌曲，流行歌曲也許在當下能夠觸動你，打開你的各種感覺，覺得有共鳴與呼應。但因為我們要使用唱歌來療傷，會更希望沒有太多歌詞，或不和諧能量的歌曲。

如果你找不到適合的唱頌。你也可以使用符合你感受、有共鳴的和諧樂曲或音樂來取代。在日本研究者江本勝對水結晶的研究裡，許多著名的交響曲，像貝多芬的《田園交響曲》或《快樂頌》，都能帶來水的和諧結晶。我個人也會推薦有著和諧音階的巴哈的《卡農》，或新世紀音樂（new age）、西藏頌缽，與靈氣系列的和諧聲音。

我自己喜歡的是印度梵唱，若喜歡，可以在心之徑❻中下載。

1. OM 的唱頌：請參考本章前段。

2. Twameva 的歌聲：這是歌頌神的歌聲，神性之母的質地。能打開母親般的接納與療癒能量。

歌詞如下：

Twameva Mata Cha Pita Twameva

Twameva Bandhu Cha Sakha Twameva

Twameva Vidyam Draviam Twameva

Twameva Sarvam Mama Deva Deva

意義是：

oh beloved you are mother and father（摯愛的您是母親和父親）

you are friend and companion（摯愛的您是朋友和伴侶）

you are riches, you are wisdom（您是富足，您是智慧）

you are the eternal divine guide（您是永恆的神聖指引）

---

❻「相愛部落格」的左邊，有「愛療法歌聲下載」，裡面的唱頌都能啟動美好的神性能量。

練習12

尋找身體中心並與神性相遇

找一個不受干擾的地方，關掉手機、電話與門鈴。給自己不受中斷的二十分鐘。決定好要讓內在的什麼部分與神相遇？有沒有你想要實踐愛卻難以實踐之處？有沒有在關係裡的什麼情境，你就是會憤怒或退縮，難以實踐愛？有沒有你很清楚的童年困難記憶想要回到光中？或是，最近很不順的事情，在這個事情裡你失去了平日的能力與愛心？找到一個這樣的事件，用一個名字來稱呼它（例如：失業、對老公的不滿、對老婆的煩躁等）。接下來，一樣是冥想的歷程，你可以模仿上一段的方式，自己錄音、找人朗讀或到心之徑下載。

請你找個地方坐好，安穩地好好坐著。覺知你的呼吸，感覺你呼氣吐出去時放下所有不專心，感覺你吸氣時，吸入宇宙大愛與神性之光。（停頓……）你越來越融入於這樣的呼吸，就越來越能覺知你的身體，並感受到宇宙大愛與神性之光，不停地滋養你與流入你，同時，透過你的吐氣與釋放，你放下了更多煩擾，而回到此時此刻。（停頓……）

這時，你記得剛剛找到的主題，你在心裡默唸或發出聲音，把這個主題一個字一個字唸出來，唸得時候同時吸氣，彷若你吸入了彼時彼刻，事發現場的能量。（停頓……）你讓這幾個字，打開整個事件，是誰與你在一起？當時你幾歲？事情發生在什麼樣的空間？（停頓……）每一個細節出現，你都專心而無懼地吸氣，沒關係，就讓這些過往打開，以便得到療癒。（停頓……）若你覺得有需要，你可以重複一次，吸氣，唸出主題，（停頓……）讓自己全身都與這個事件在一起。

於是，你去覺察全身上下，哪些地方最有感覺？（停頓……）特別傷痛？（停頓……）不舒服？（停頓……）緊繃？（停頓……）害怕？（停頓……）不一定每種感覺都有，但你能分辨出，身體有個地方最特別，可以說是此事件的能量集中中心。（停頓……）就讓自己的手放在那裡，放在那個部位，用手心溫暖地貼在上頭。（停頓……）

你找到了事件的身體中心，接下來，就是讓它與愛相遇的時刻。你已經找到了能開啟神性的溫柔歌曲，就是現在，為自己歌唱吧！用雙手觸碰，唱著歌，感覺到歌聲就是能量流，這些能量流入身體中心，讓自己全然體驗這種感覺，儘管唱歌。（停頓……）（停頓……）（停頓……）（停頓……）你繼續唱著歌，感覺愛的流入，被療癒的感覺。（停頓……）（停頓……）

（停頓……）身體得到了舒緩，更多的光流入。（停頓……）（停頓……）（停頓……）過去那些陰暗的影像逐漸消融，（停頓……）你感到自己越來越深地整合著。（停頓……）身體中心已經不再特別，你甚至感受到有第二個部位，需要你愛的歌聲，你繼續唱歌給自己聽，（停頓……）（停頓……）邀約光與愛的能量流入。（停頓……）（停頓……）（停頓……）直到你覺得滿足為止。

你停止歌聲，感覺到很放鬆、很舒服。（停頓……）你的傷與愛，已經相遇。你是整合的，你是愛，你是光。慢慢地，讓自己清醒，動動身體，回到日常的清醒意識。

以愛臨在

我們所有的練習，都在促成著你回到愛之中。「臨在」意味著覺知此刻，「以愛臨在」意味著站在愛中，連結神，活在當下。這些名詞，都是簡單又高深的修行。最後，想提醒的是：別把修行想得很高超或困難。

修行，不需要離群索居，也不一定要壓抑慾望。你能練習以愛臨在於慾望中，然後看看，會發生什麼事情？有許多人，為了尋找自我而離職，想要找到一個充滿愛的環境；而有些人，能置身在有對立與衝突的情境中，練習以愛臨在，而能於紅塵裡，依然站穩自己的腳步。跳下去，與人連結，讓自己跟人互動，承擔責任——無論是全職工作、談戀愛、養兒育女——都是愛的成熟之旅，也是以愛臨在的最佳考驗。

在演講會場、廟宇殿堂、工作坊裡，能擁有的和平與臨在都是恩寵；但回到現實生活，處在一個感受到壓迫的職場，要精打細算拮据考量的開銷管理，或有無數瑣事煩心等著被處理的家庭現場，商場上的商業利潤與大愛立場的整合，這都需要愛的意志，在每一瞬間，選擇「以愛臨在」，這最最真實的修行。

幸福停看聽

1. 你曾經有過，在很困難的時刻，用意志力選擇了愛嗎？
2. 請根據本章的練習，從一個你最想進行的練習開始，持續進行。
3. 本章說：愛＝光＝神＝生命，你對這說法有什麼感覺嗎？感動的是什麼？無法理解的是什麼？
4. 請經常練習能開啟愛的唱頌，讓日常生活中的你，被這些歌聲所承載。
5. 請具體並經常練習本章的冥想。

第二篇　許諾天長地久

栽培關係，猶如栽種大樹，
需要有太陽和雨水、
新鮮空氣和肥沃的泥土。

有了基礎的幸福修行，接下來就是將它實踐到日常生活的階段。人間是愛的修行之最佳場所。生命的意義在於透過與人互動，與萬物交流，在給出愛時體驗到自身的奧祕以及萬物一體。對我而言，有愛的對象，有負責去呵護照顧其生命的對象，建立一個長久的穩固關係，是最大的挑戰，也是最大的幸福。心理學家榮格（Carl G. Jung）有個視野：成家生子是促成個體化的重要過程，個體化意味著成熟活出內在真我。可見成家生子、養兒育女是多麼困難且完整的旅程，它涵蓋了種種成熟人格的挑戰。榮格甚至曾主張，治療師能走這條路，才是完整且成熟的。

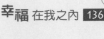

幸福在我之內的觀點是，無論如何，幸福的修行要完成在實踐愛的這個階段，「Do-Me-So-Do」才唱得好聽。因此，無論是否要走成家的路，有一份對愛之灌注對象的長久責任、有一位長久關係的親密友人，都是重要的。

在 So 的步驟，我們和宇宙大愛相遇，和神相遇，讓愛與傷相遇，這是一條通透內外的黃金道路，這些練習，讓內在的愛有一條通透的路能透出來，能分享到人間。然而，實際的修行卻是，我們要一次次在關係裡被挑戰、被啟發、受挫折、受傷，於是打開更深的眼界，重新回到 Do 去承認與認識自己，回到 Me 去看見自己更深的人格以及生命更深奧的意義，再進入 So 將療癒的光愛帶到自身內在更深邃的黑暗之所。實踐愛的 Do 除了分享愛、感受美好與喜悅之外，在遇到困難的時刻，更是擴展自我的機會。

許諾天長地久，建立深邃的長久關係，共同生活，共同承擔彼此的疾病、貧窮、壞習慣，這就是擴展自我心量並激發各種挑戰的機會。更何況兩人來自不同的原生家庭，或不同的性別，這些差異的交會、衝撞、激盪與整合，又是另一層次的修行。若兩人生子，許了共夢也扛了共責，這幾乎是共命的許諾，是了不起的挑戰。

相遇相愛，是美好而簡單的。相愛而相守則需要堅定的決心和無比柔軟的修行心。相守而共創未來，將生命延續下去，則把生命邀請到家裡來了。每天，生命之流都會流過我們，當你專心陪伴孩子一天，你會知曉，生命的萬千樣貌都在一日間流過。

許諾天長地久，要手牽手經歷如此豐盛且艱辛的考驗，真是要好好栽培呀！

栽培關係，猶如栽種大樹，需要有太陽和雨水、新鮮空氣和肥沃的泥土。幸福在我之內的 Do Me So，已經將這些都完成了。Do Me，承認與看見，是很深的栽植，建立出穩固的地基；而 So 的與愛相遇，則日日邀請來陽光和新鮮空氣。雨水，則是日日澆灌彼此關懷的情分。於是，我們可以栽植一棵關係大樹。

森　林

Forest's Talk：
讀書會與陪伴圈圈

雨　水

相處的心量與溫柔：
和平戰士的溫柔心法

綠葉與花果

朋友、情人與玩伴：
聊天、做愛、玩樂

枝幹與枝枒

共命共享的合夥人：
家庭股份公司

陽光、空氣、大地

愛的紮根：
幸福在我之內的Do-Me-So-Do

第六章

深情澆灌：和平戰士與溫柔心法

溫柔，是最大的呵護力量。溫柔的本質，是內在和平、能與人性的各個面向平靜交流。溫柔，是內心真的愛自己了，所以能給出很大的寬容。溫柔，是心的柔軟，因為知道對方會痛，因為心疼，所以可以守護自己的痛。溫柔，是水，將不相容的都擁抱在懷裡。

我經驗過許多小爭吵，也目睹過大爭吵，陪伴過爭吵後的傷。我沉思與訪談過許多關係中的吵架故事後，有了個小小的結論。

夫妻間的溝通至少有兩個層次，檯面上與檯面下。至少，在兩邊都是平凡好人的婚姻關係裡，檯面下的退讓與體貼是真正讓家庭運作順利的關鍵。至於檯面上的協商，在很多夫妻之間，未必能在語言上有共識或和解，但很奇妙的，在檯面下，當各自獨處與執行時，夫妻情分常是運作的主力，疼愛或各退一步，就能創造和平的運作空間。

夫妻情分是多年來相互照顧陪伴而累積下來的，若兩人的陪伴足夠，平衡之流穩固，互相照顧的底子很足，即使在檯面上的語言層次針鋒相對，關係還是能化險為夷，家庭依然和樂。反過來，如果長久以來忘記感謝與敬重，單方付出過多而關係失去平衡，兩人又過度忙碌少了陪伴、玩樂、聊天、做愛的滋潤與滋養，各自內心失衡與犧牲的心情過多，這檯面下的夫妻情分過於薄弱，即使檯面上沒說什麼，光不說話的彼此冷戰，都能讓人害怕回家，難以面對。若有哪天因小事挑起戰局，少了檯面下的情分與運作空間，通常受傷的痛苦程度又會大到讓人想分手。

吵架，是為自己而爭。大部分的時候，爭的不是夫妻間的事情，而是壓力反應：

公婆壓力、看不慣小叔或小姑、受不了老婆偏心娘家、教養小孩觀點不一、金錢分配或誰出多少錢……。這些因為感受到生存危機的壓力，為了爭討更多的主權、決定權，或要求保證要更多安全感，或是為了自己的需求想要控制環境，因事關生存安全感，所以吵著吵著，把夫妻的和諧與靠近，丟到後頭，吵啊吵到難以收場。

吵架，另一種時候，則是壓抑不住內心的嫉妒與懷疑，為了保護不被遺棄，起而征戰。覺得配偶對人太好，在孤單時看到配偶對外人笑臉相向，或嫉妒想要控制與禁止配偶與人接觸，因蛛絲馬跡懷疑外遇而撕破臉質問，這也是生存安全感的征戰，因太多害怕而無法抑制自己，起因本是為了百年好合，為了恩恩愛愛，卻反倒使彼此傷心、厭惡、恐懼、退縮。

吵架，最簡單的時候，是逞強好勝，是我對，還是你對？是爭奪權力，是依我的需求來做決定，還是依你的意願來做決定？或者，明明想和好，卻想要對方先退讓。或是，忍不住一口氣，就只是為了證明自己是重要的，測試對方是否還在乎自己，於是耍嘴皮子，刺傷對方，結果雙方都疲憊萬分。

我將吵架視為人生的修行，所有會引爆我的，都是我的弱點與尚未來到和平之處。

這幾年接受許多療癒的我，在婚姻中的爭吵，經常很快就能平靜與收尾。而我的丈夫，修行的結果是更能直接表達那背後的力量與正氣，守護著我們爭論的現場。從他身上，我有了和平戰士的概念。和平戰士的定義是：用和平來守護關係。

在吵架裡，影響互動的能量有三個層次：(1)原來想溝通的焦點；(2)自我選擇的態度：是戰士的輸贏之爭；(3)內在幼兒的舊傷口。支持夫妻能繼續前行的，是在溝通焦點上找到共識；而個人平日處理衝突的慣性如何通過各種考驗，則是修行；若能一併療癒內在幼兒的傷，是美事一件。夫妻爭吵，不同於面對外敵，夫妻是長長久久的相伴，彼此也熟悉各自的痛處與腳步。和平戰士，是秉持和平為前提，以覺知來監督爭吵歷程，維護和平。和平戰士，能邀約太陽光的和平能量到自身內在以及夫妻之間，用來支持和平。

♡和平戰士的紀律：爭吵時守護和平的內在紀律

♥不怕麻煩，我選擇真誠。

→真誠就是面對事實不逃避，真誠帶來了長久的和諧與守護力量。

♥不故意刺對方的痛處。
↓這些刺痛，會在恩愛時成為一種傷，以後會損傷親密的深度和完好。
♥不批評對方的家人。
↓這是最損情分的。需了解，文化觀點不一樣，批評對方並無意義。真正需要的是協調需求。
♥狠話、髒話不輕易出口。
↓刺太深的話語經常會在潛意識反覆重播，一傷再傷，連未來的關係都一併破壞了。
♥不動手打人。
↓打了就傷情分，傷得很深。而且，一旦動手下次就更容易動手。
♥賭氣話不輕易說出口，不玩分手話語。
↓根據吸引力法則，所有說出口的話語都有魔力，不想發生的就不要說。
♥不耍嘴皮子。
↓為了面子（嘴巴上獲勝）失去裡子（親密和諧）才不划算。
♥不翻舊帳。

↓不在失和時翻舊帳。這對關係或安全感一點幫助都沒有。

♥不硬跟對方要承諾。

↓檯面上硬要來的承諾，不一定能和平執行；倒不如讓檯面下恩愛後，事情會自然轉化。

♥當對方柔軟，就柔軟以對。

↓所有的夫妻協商合作，情分與恩愛都是最大的運作力，一有可能柔軟，就柔軟吧！

♥見好就收，不戀戰。

↓因為戰越久情分損傷越大，耗損夫妻元氣對家庭一點好處也沒有。

♥冷戰不過夜。

↓夜裡是情緒療傷與重生的機會，帶著征戰入眠，也會帶著怨懟重生。何苦？

和平戰士的守護原則：爭吵時守護自身的原則

♥我守護並照顧自己的情緒，不把此責任交給對方。

♥說「我想要」比「分析局勢」與「責怪對方」更能照顧自己。

♥若直覺感受到有暴力危機，我溫和退場，保護身體安全為先。

♥當我有憤怒，邀請和平光進入，在吐氣時釋放。

♥當我有災難想像或自憐傾向，邀請宇宙大愛進入，用心呼出愛，觸碰受傷處。

♥當我恐懼與顫抖時，我離開現場，讓自己觸碰大地，回到現實，於是心能清明。

進化為和平戰士

吵架，表示有需要爭執與守護之處，有需要協調夫妻雙方差異之處，或是有不公義要被伸張之處。每個人內在都有戰士能量。戰士，是在危機時挺身而出的勇者。戰士，支持我們劃立界線，以守護為目的，並表達自我、伸張權力。和平戰士是進化升級的戰士，和平戰士把和平放在小我利益與權力之上。

	戰士	和平戰士
使用的策略	・逃跑：忽視、解離❶、壓抑、隱忍 ・戰鬥：指責、衝突、對立、上癮	Do Me So
想阻斷的	痛苦、創傷、恐懼、傷痛、憤怒	無覺知的童年模式
主要覺察的	引發痛苦危險的各種徵兆	・人格反應模式的勾連 ・內在的恐懼
渴望	安全	療癒與親密
基礎動作	反射動作式的保護，重複模式	Do Me So
面對痛苦	逃跑與戰鬥：隱忍、阻斷、轉移、投射、抓住、陷溺	Do Me So
面對伴侶	在反應模式中重複，困住了，無望	・不隨伴侶的模式起舞 ・在愛流中，觀照伴侶 ・若有能力感受伴侶，則給予同理心 ・若有能力自由運用，則使用和平戰士守則與紀律，來回應伴侶
悉心守護	填補童年匱乏感的幸福想像	愛、真實與力量

尋常的戰士能量，沒有和平紀律與歷練，使用幼兒的戰技胡亂瞎打。夫妻衝突後，會發現彼此互動落入幼年模式中，一再反覆，卻卡住而無解，讓人挫敗。溝通無法帶來親密，反而帶來反覆性的傷害，甚至不想再溝通。而和平戰士，帶著覺知，有著幸福在我之內的 Do-Me-So 的基礎訓練，把和平帶入夫妻間，支持二人在差異中找到共識。

卸除防衛，停止幼年模式

在夫妻爭吵時，戰士，宛如唐吉軻德 (Don Quixote) 與想像中的敵人大戰。這是什麼意思呢？其實夫妻間，許諾相愛，天長地久，在爭執時要的是找到和平與各退一步的方法。會鬧到不可開交，通常是非當日份的痛苦能量洶湧而上時，失去了焦點，從協商而轉為意氣之爭與權力搶奪。戰鬥的對象真的是眼前的伴侶嗎？還是代替爸爸表達壓抑多年沒有對媽媽說出口的怒氣？或代替媽媽討伐這無責任感的男人？

夫妻爭執，若吵紅了眼不惜傷害對方，事實上，是蒙蔽了眼睛，看不到真相。表

❶ 解離：一種人格抽離的狀態，輕微者顯得恍惚與現實無連結；激烈者則失去語言能力仿若魂遊太虛。解離，尚未到人格分裂狀態，因此，在壓力情境解除，在愛的撫慰或睡眠後，能自動恢復。

面上夫妻對峙，其實是非當日份的痛苦與男女的集體恩怨洶湧而上。猶如唐吉軻德一樣，把風車當成了怪獸。此時的爭執如夢似幻，少了幸福在我之內的承認與看見，被痛苦蒙蔽而失去用愛相遇的契機。Do-Me-So 沒唱成，因而也無法提升到高音的 Do 來邀請和平。

戰士在遇到痛苦時使用幼年慣用的模式：逃跑或戰鬥。這剛好是兩個極端，缺少平衡的中央區域。逃跑是不面對真實，戰鬥則以去除敵人為快。兩者皆不是夫妻爭執所需要的。夫妻爭執需要擴大心量來包容兩人差異，找到共同需求，尋求和平共處的新創意。事實上，真的讓夫妻爭執能和平收場的是深情的各自退讓。「心量」在兩人間經常是相互感染的，只要有一人打開心柔軟以對，通常另一人會受到感召，也暗退一步。只要你能感受到，天長地久的許諾轄管了進退的舞步，大心量引發大心量，促成檯面下的良好協商。

擴展心量需要 Do-Me-So 的基本動作。有了 Do 的承認，所以個人為自己情緒負起責任，而不會胡亂歸咎。有了 Me 的看見，無論是內在受傷幼兒、諦念、希望或意義，珍惜與感謝幾乎能消融所有爭執，而無須對戰。再者，有了 So 的相遇，與愛相遇，與光合一，需療癒的創傷有了守護與後靠。

除此之外，要澆灌關係大樹的園丁，除了用深情召喚來的雨水，還要做些什麼呢？

♡辨識非和平模式

首先，我們要辨識的，就是逃跑與戰鬥模式的徵兆：

逃跑模式的徵兆

- 太愛說笑話
- 不肯直接回達伴侶的重要詢問
- 只願意與配偶談論別人的事，不愛說自己的事情，尤其是感受
- 只想盡快消除困難，不願意面對兩人的關係議題。若找不到解決方案，容易無奈無力
- 討好、吞下內心的真話，只說別人愛聽的話
- 太快做和事佬，太快退出衝突，頻繁說：「沒事了」、「沒關係」
- 經常心不在焉，彷彿人不在現場，一被抓住才忽然回神
- 伴侶問你怎麼了，你的答案常常是「我累了」或「不知道」
- 替代性上癮：過度地看電視、抽菸、喝飲料、喝酒、上網、購物

戰鬥模式的徵兆

- 太頻繁生氣，一點小事就生氣
- 失去耐心，包容力忽然降低
- 無法享受當下，即使孩子快樂的玩鬧聲，都會惹惱你
- 很難放鬆而專注地做一件事，電腦視窗頻繁切換，電視遙控器一直換臺
- 說話節奏失去穩定性，或是說著說著忽然跳到另一個主題
- 愛罵人，愛批評社會，什麼都不滿，愛嘮叨，愛念小孩
- 很難專心看著配偶的眼睛，不說話時也少了視覺接觸
- 執著，在很多小地方，會堅持一定要怎樣。尤其是對售貨員或路邊的小人物
- 破壞行為：暴力、攻擊、破壞、衝動

卸除彼此的防衛

這些徵兆會輪流出現在兩人之間，有時是覺知到自己逃跑了，有時是發現伴侶進入戰鬥模式。無論是誰，當你能覺知或觀察到，能停下來原先的溝通目的，把中斷逃跑與戰鬥模式當成此刻的目標，有助於兩人之間進行有效溝通。

下表列舉出，覺知自己有逃跑或戰鬥模式，或覺知伴侶有逃跑或戰鬥模式，分別在自己狀態好或不好時，個別的應對可能與中斷策略。

	逃跑模式	戰鬥模式
覺知自己正在進入逃跑或戰鬥模式	‧敲敲穴道，或溫和觸碰自己 ‧溫和地深呼吸，於是再決定：我想要逃跑嗎？還是我想回到當下面對？ ‧給予協助：我害怕什麼？要怎樣得到安全感讓我能回到當下？配偶能為我做什麼？我能為自己做些什麼？	‧眨眨眼睛，跟自己說「醒來，這些痛苦過去了。」發出「赫」的聲音，短促而有力，「赫！赫！赫！」釋放能量，踩踩地板，踏踏步伐。跟自己說：「我要回到大地」 ‧再抉擇，自問：「我要戰鬥？還是創造愛？」 ‧給予協助：是哪個內在的面向感到危險？我要如何支持自己？伴侶可以如何支持我？ ‧幫我按摩？回到放鬆狀態？ ‧先停下來，轉個話題，等安全感回來，再談敏感話題

面對伴侶，自己狀況良好	•認真聽他說玩笑話或專心陪他，讓他逃跑一下。專注凝視他，向他表達愛或敬重。帶回重要話題	•碰觸他身體的安全觸碰區域，如肩膀、雙手，輕輕停留一下，在心裡靜默地說：「沒關係，我愛你」 •調整環境，也許是溫度、聲音，帶回新鮮的感覺、喚醒的可能 •臨在地跟自己在一起，放掉原來的企圖心，回到當下，信任更大的存有正在照顧著，等配偶離開戰鬥狀態 •於潛在攻擊狀態時，表達看見的現實，簡單地問：「要怎麼做，能讓你放鬆信任我們？」
面對伴侶，自己狀況不好	•簡單地說：「我狀態不好，我們先停下來好了。」跟他約好，下次什麼時候談。 •下次開始前先釐清：讓彼此失去安全感的是什麼？寫下來，做好預備	•溫和退場離開，做幾次深呼吸，與自己接觸，然後說：「謝謝你陪我，我信任你，我現在需要退出休息一下，謝謝你。」然後，看看能否給出一點點靠近或照顧，不行就退開 •等改天兩人狀態好時，問問：「那一天，是什麼東西讓局勢有些緊張？」

以下描述了一些細節與方法。相較於D0–Me-So的核心成熟，這些辨識是枝微末節，若有純熟的Do-Me-So的修行，其實是不會落入逃跑或戰鬥模式的。但修行總是為進行式，因此，在真愛尚未成熟長大之前，幼兒的保護模式出現時，能辨識出來，

在爆發之前使用小策略中斷，也是和平戰士的戰技訓練。

邀約太陽光的和平

和平戰士使用太陽的和平能量為能量源頭。使用與太陽的靈性連結成為主要的去除陰影技巧。太陽，不只是天空的恆星，在靈性層級，也是和平的源頭。每日，世界來到我們眼前，當內在與世界的關聯為和平時，心容易打開，眼界會開展，即使是損失或困難，都能轉為恩典。

底下的三個練習❷，以雙人和平呼吸最有效，但雙人和平呼吸需取得伴侶雙方的共識，並願意嘗試一個超越常軌的靈性冥想。若伴侶不想合作，請勿勉強。練習1與2可以個別進行。

❷ 這三個練習都可以在心之徑找到冥想。

練習 1

邀請和平之光

每日花五到十分鐘，最好在固定的時間，在戶外進行最好，陰雨天則可在室內進行。讓自己安靜地呼吸幾次，直到覺得自己來到了平靜的放空狀態，於是，覺知心的呼吸，在呼吸時，想像心也跟著一同呼吸，做這個心呼吸大約十次。

接著讓心與胃在一起，感覺胃也如同心一樣，是可以敞開的。這時候，就用胃連結太陽，用想像力邀請太陽光來到胃部，如同一道光之流流入胃部。心裡的意念是：「謝謝太陽光為我帶來和平。」「謝謝太陽光帶走我與＿＿＿＿之間的不和平。」重複這句話，直到你感受到和平來到為止。

接著，換一個項目，繼續做相似的請求。若你喜歡，可以把雙手手心打開，迎接太陽光。若你真的很忙，你可以在步行、慢跑時進行，但不建議在開車或騎摩托車時進行。

此活動，若能連續進行二十一天，個人內在和平能量，會有整體的提升。

練習2

預見和平

也是每日五到十分鐘，坐在家裡，安靜凝視著配偶（最好是看見現實世界真實的他，若是遠距配偶，無法經常看見，請在想像中進行）。若配偶不喜歡這本書，也不喜歡你做這練習，就不要直直凝視，可以偶而閉上眼睛再打開。若配偶知情也喜歡，直直凝視或目光尾隨著他都很好。

凝視時，感受到和平的太陽光與你連結，如同一道光之河一樣流入你的胃部。然後你看著你的伴侶，心裡想著：「我看見你的和平。」不需要喃喃自語，就是淨空地，讓這訊息與和平之光如同透視光一樣，穿透層層表象，直接看入伴侶的和平。這句子可以有些變化：「我看見你眼睛裡的和平。」「我看見你煮飯時，雙手的和平。」「我看見你抽菸時，身體的和平。」「我看見你憤怒時，很深的內在和平。」「我看見睡著的你，全身都在和平之中。」

練習3

雙人和平呼吸

本活動，適合伴侶兩人都閱讀本書，從頭閱讀至此，雙方都想試試看才進行。在發現彼此落入幻想敵人的逃跑與戰鬥模式時，有覺察的人就停下來。停下來之後，兩人找張椅子面對面坐好，進行一個同步與和平呼吸。

這個活動主要是邀請和平的太陽光來到彼此的心，讓這份光擴展到胃部以及喉嚨，讓太陽光的能量流在彼此間成為一個光的圈圈。兩人坐在裡面覺知呼吸，逐漸地，自然地覺察到兩人的呼吸漸漸同步，當兩人感受到呼吸同步時，就一起做祈禱，於是完成這個儀式。接下來，可以中斷一下，閱讀一下和平守則與紀律，或喝喝茶，再回到椅子上。這一次，只要輕鬆的祈禱即可，無須做同步儀式，除非又落入戰鬥或逃跑模式才需要再次使用同步與和平呼吸。步驟如下：

1. 有人覺察到兩人進入負向互動中，就慢慢停下來，中斷負面行為，並邀請進行同步與和平呼吸。

2. 同步與和平呼吸：

(1)調整椅子的距離，大約在半個手臂多一點的距離。

(2)彼此面對面坐好，先讓自己做幾次自然的呼吸覺知。

(3)個人內在先與心連結，使用心來連結太陽（想像）：「謝謝和平的太陽光流入我的心。」

(4)當感受到內心與太陽光之流，形成一個聯繫時，把左手手心放在自己的心口，把右手手心伸出去，放在對面夥伴的胃部。兩人同時這樣做。

(5)繼續連結太陽，並保持呼吸的覺知，穩定下來之後，去感受和平的太陽光從你的心流向對方的胃部，也覺知你的胃部接收到來自伴侶的和平之流。

(6)這時候很自然地，兩人會來到一個同步呼吸的境界。

(7)當感受到呼吸已經同步時，同聲祈禱：「親愛的太陽，謝謝你的和平光流入我們，在我們之間形成和平的循環。在這循環下，我們的負向保護模式釋放，舊的、不適用的習慣被消融。和平之光在我們之間循環，所有不是和平的，都回到太陽中消融，如同黑暗消失在陽光一樣。」

(8)在祈禱後的狀態，停留一下，覺得夠了，就可以放鬆你們的手，自然坐好，完成此呼吸。

3. 可以休息一下，喝喝水，複習一下和平守則與紀律。

4. 再次回到對話與溝通中，在內在保持與和平太陽光的連結，自然地溝通。在溝通時，若感受到來自伴侶的壓力，可以柔和地看著他，在心裡說：「我看見你的和平。」

5. 若有需要，可以使用和平守則與紀律幫忙。

6. 若有再次落入負向溝通，可以再次進行雙人和平呼吸。

溫柔心法：既真誠又負責

夫妻許諾天長地久，也會有吵架的時刻。就把吵架當作是和平的修行吧！在信念上，請盡量使用前述的和平守則與紀律，並謹記，觀照各種負向溝通，從中退出，停下來，放過幻想中的敵人。若有需要，得回到Do-Me-So的幸福基本章節，與愛相遇，療癒自身，或承認與看見。接著，記得邀請和平之光的支持。最後，就是溫柔心法。溫柔心法，是表達的基本能力，回歸自身責任，把真誠放前頭。

溫柔心法＝回歸自身責任，把真誠放前頭

有兩個現象，在我這幾年陪伴夫妻工作時經常出現。現象一是，許多上了成長課程的男女，回到關係中有時容易吵架。那些原來因為禮貌、壓抑不說的情緒，假真誠之名被說出去，於是關係被弄得更擰。許多人以為真誠就是把平日壓抑的情緒話直接說出去，殊不知情緒是偏頗的主觀見解，算不上真實，無修飾的表達既不真誠也不夠負責。伴侶撞到我，我直接說：「好痛，你撞到我。」這是沒有修飾的坦白，無傷大

雅。但是，當伴侶迷糊遲到時我說：「你遲到了，讓我很沒有安全感、很擔心。」這裡有輕忽自身責任的嫌疑，溫柔心法說：「真好，你來了。剛剛等你等得焦慮，因為我胡思亂想。」若有需要，還能溫柔照顧自己：「因為我是個愛胡亂想的女人，可以請你體諒我。遲到前先打電話給我，讓我安心，好嗎？」

現象二是，當配偶說：「你這樣說，我很傷心。」有些人會回答：「你的傷心是你的責任，不是我的。」情緒自主權是為自己的情緒負責，而不是往外丟：「情緒是你的，與我無關。」這淺薄的情緒責任論點少了溫柔。外界刺激來到我之內，我如何回應、如何感受，能自我決定，所以我有力量抉擇與照顧自己。反之，當伴侶的情緒因我而起，我就是引發他情緒的外在刺激，無論他如何反應，我還是負有給予刺激的責任。例如，我撞了人，他能寬諒或憤恨是他的修行，但我得為行為上的撞人負起責任。當伴侶表達傷心，我的責任不是掐著他的脖子要他為情緒負責。溫柔心法是：帶著愛，把心敞開，當伴侶因為我而傷心，我先讓自己的心感受那份傷，然後表達真誠的抱歉：「你的傷心我能想像，聽著你傷心，我也有些疼起來。下回，我能怎麼幫忙，不刺激你？」

既真誠又負責，既愛自己又體貼對方，是個溫柔修行。溫柔是文明與內斂，發自於體貼之心，而展現出紀律與美感。「你撞到我了，好痛。」是孩子的直率，有些小粗魯。「唉呦，痛！」更直接，但少了粗魯。深呼吸然後照顧自己的痛，拍拍對方肩膀，看著對方眼睛說：「撞到我了喔！」則多了溫柔。

有人這樣溫柔：「知道他對自己沒信心，所以每次在行房時的痛，我都會多等一下，才抓抓他的手讓他知道。因為如果我喊痛，他就會緊張，抓抓他的手是我們的默契，因為我相信他會呵護我。」

有對夫妻這樣溫柔：「我真的不知道，我老公怎麼做到對我的包容，剛結婚時，我常對他抱怨婆婆的事情，他會很專心聽，也沒說什麼，他專心聽完之後，我的情緒通常就好了。然後，我知道他曉得我的心情，發現他會更照顧我一些，而我也願意退讓一步，不那麼在乎婆婆的行為了。」

有個女子如此溫柔：「他很迷糊，東西丟三落四的，我想幫他忙、提醒他，又怕傷了他的自尊，所以我小心問他，如果放個小椅子在門口，每天我們把他出門需要用到的東西，都放在那裡，他喜歡嗎？我知道，他其實是不喜歡的，但他接受了。這樣我也輕鬆很多，因為我不太能忍受他的迷糊帶來的麻煩。我覺得我很照顧自己。」

有個有紀律的丈夫，這樣表達溫柔：「我老婆說話很直，很多時候，我心裡罵人的話滿漲欲出，而我選擇吐氣放掉。因為，那些話語對我們的親密一點幫助都沒有，而且裡面有我男性的文化和粗暴，不需要讓她聽見的。」

有個女子如此轉折，於是來到了溫柔：「那陣子，知道他可能有外遇的時候我很傷心、很心痛。後來我就想，我最想要的是什麼？原來，能跟這個人在一起，就是我要的。要不要去逼問呢？我問過，而他閃開了。要不要再逼問呢？我不喜歡，他被逼的時候那麼痛苦，我也就沒問了。我想，身邊有這麼多好朋友，能照顧我的痛苦，何苦讓我所愛的他，也痛苦呢？後來，我好很多，而他有感受到這份體貼喔！說真的，女人很敏感，我知道，他也回來了。」

這些真實的聲音，都是當事人在關係中的溫柔修行。你能透過這些語言，與當事人那顆溫柔的心連結嗎？

溫柔，是最大的呵護力量。溫柔的本質，是內在和平、能與人性的各個面向平靜交流。溫柔，是內心真的愛自己了，所以能給出很大的寬容。溫柔，是心的柔軟，因為知道對方會痛，因為心疼，所以可以守護自己的痛。溫柔，是水，將不相容的都擁抱在懷裡。

溫柔心法

小小的溫柔心法，藏在互動的語言細節裡：

1. 「你每次都忘記把襪子收好！」→「Hello！提醒一下：襪子還被丟在地板上喔！」
   - 溫柔心法：去掉「每次」。
   - 溫柔心法：說「客觀事實」。
2. 「為什麼你忘記我們的結婚紀念日？去年、前年也一樣。」→「我一整天都在希望，你記得我們的結婚紀念日。我有暗示喔！不過好像沒有用。」
   - 溫柔心法：不翻舊帳，拿掉「去年、前年也一樣」。
   - 溫柔心法：說期望、希望、渴望，不說「為什麼沒有」。
3. 「你不要逼人太甚，我快要抓狂了。」→「對不起，我要抓狂了，我們暫停吧！」
   - 溫柔心法：使用「對不起」。

‧溫柔心法：單純陳述自己狀況，不歸因到對方。

‧溫柔心法：提出方法，讓對方有辦法支持自己情緒的平靜。

4.「不要再說我爸媽的壞話了好不好？」→「我很在乎爸爸媽媽，如果你看法跟我不同，請別讓我知道。我想理解你的委屈，但我不想要因為聽見你批評我爸媽而討厭你。」

‧溫柔心法：說出自己的在乎，請求對方的呵護。

‧溫柔心法：不是核心真實的偏見，可以不聽就不聽。

‧溫柔心法：讓對方理解，你為親密關係著想的心。

5.「你這樣情緒化我怎麼受得了，可不可以正常一點？」→「老實說，我無法處理也很難承受你激烈的情緒。這種時候，我沒辦法幫忙。我想支持你去找心理醫師。」

‧溫柔心法：將指責，轉為「我的限度」。

‧溫柔心法：不要求對方做他也做不到的事情，尋找資源幫忙。

6.「你這樣說話很傷人耶！」→「抱歉，我很脆弱，也許你不同意我，但我受傷了。」

‧溫柔心法：打開「你可以不同意」的空間。

- 溫柔心法：焦點多一點：「是脆弱而引發我受傷」，而非「你傷我」。

7.「不公平，這一點都不公平！」→「我認為不公平。你可以與我有不同的觀點，我也需要你聆聽我的觀點。」

- 溫柔心法：提出「我認為」，表達這是己方的意見。
- 溫柔心法：你可以與我有不同觀點。
- 溫柔心法：從指責，轉為：「我需要……」。

幸福在我之內，若將此實踐在婚姻的現場，最美的就是天長地久。當然，以此為修行重點的幸福在我之內，並不強調要天長地久，因為幸福的故事有萬千樣貌。分手或離婚、喪偶或遠距夫妻，是更嚴苛與精進的修行，亦是幸福在我之內。

幸福停看聽

1. 請朗讀和平紀律與守護原則，把喜歡的劃線，經常朗讀。
2. 請找朋友討論那幾條你不喜歡的和平紀律，或小小修正成你喜歡的。
3. 你內在的戰士能量鮮明嗎？特質如何？在什麼領域最能發揮？戰鬥策略是什麼？有效嗎？和平嗎？有沒有想要調整的？
4. 在本章的非和平模式——逃跑或戰鬥，你常用哪一類？你的伴侶也這樣嗎？你如何回應？
5. 請角色扮演，辨識非和平模式的應對方法，無論是轉化自己或回應伴侶，在日常生活裡練習，直到自己熟練。
6. 關於「和平的太陽光」這背後的靈性假設，你感覺如何？若無法感動，有沒有可能找到替代的方法依然練習邀約和平能量？
7. 請具體實踐邀約和平能量的三個練習。
8. 若你的伴侶無法練習雙人和平呼吸，請找到一個志同道合的朋友，陪伴你練習。

第七章

共命共享的合夥人：家庭股份公司

婚姻常被義務與責任拖累而失去浪漫感，在沉重的生活裡，要有浪漫感，需破除義務的認定，回到當下，把每次的付出，都當成真心給出的禮物，感受到送禮與收禮的喜悅。

一同生活，一同承擔責任，一起生小孩，這是多麼大的許諾，把萬物一體的共命共存，在現世裡直接顯化出來。在靈性的本質上，萬物是一體的，個人被療癒，整體也被療癒；個人有所傷，整體也有損。共命是靈性層次的真實，說的是個人與整體的命運休戚相關。而家庭，是最能體驗此真理的實踐場所。

當夫妻之間感覺到收授的平衡，這個家庭的愛之流就會很穩固。因此，在親密大樹的比喻中，共命的合夥人，是大樹的樹幹與枝枒，有了穩固的支柱，才能長出茂盛的綠葉，開花結果。維持一個家庭，需要無數的細節，在有形或無形層面上需要付出，若家庭能互相合作，收授之流能夠平衡，那麼整個家存活的根基就能非常穩固。但平衡是很奧祕的，許多時候個人的主觀情緒感受，未必呈現了能量的真實情形，因此，在本章，我們從能量層次的平衡來說起。

平衡的動能

人際收授之間，在能量層次的主要本質是愛的流動。因此，我們可以用貨幣為比喻。關係裡的交流，仿若以愛的貨幣在交易，可以存款、可以預支，而平衡，才能促成愛的永續交流。

家族系統排列的方法，最能顯現愛之流動。家族系統排列是德籍治療師海寧格 (Bert Hellinger) 先生提出來的方法，在臺灣由海寧格國際機構進行推廣。家族系統排列，選用素昧平生的人代表當事人與其家族成員，藉由代表的肢體移動或口語回饋來看出家族間的能量動力。其代表的傳神，親臨現場的人都嘖嘖稱奇。累積許多排列的現象後，海寧格先生提出關於平衡的原則。這些原則與我在陪伴伴侶工作的心得吻合，應用在婚姻諮詢得到許多回饋，受用無窮。例如：

♥當你給出，要記得收取回報。流動的愛需要給出者收取回報，於是能再給出並收回。要求回報時，因為愛，情願收得少一些。因為愛，給出回報時，我喜歡多給一些。

♥當你被傷害，要記得要求補償。流動的愛，發生在那些願意接受補償且願意寬恕的關係。因為愛，要求補償時，我甘願要得少一些。因為愛，給出補償時，我喜歡多給一些。

♥「付出」能讓個體在家族中擁有歸屬權。若只收而不給，則會失去家族中的歸屬權，而有困難留下。在一份失去平衡的關係裡，給得太少的人會有離開的動能。

♥在平衡上下，有來有往繼續流動與交換的關係，會維持在愛的流動中長久。

♥當我們帶著敬重如其所是地收下，而無論是禮物或傷害，不評斷或抱怨來製造混亂之流，就能有更好的機會，回到平衡。

♥對一個人的敬意與感謝，就是一份愛。愛在平衡之流裡，占有很重要的分量。

這些原則的神聖之處在於，它揭露了關係能量層面的真實，超越世俗的觀念。傳統觀點中，有要求女性吞忍承受的美德。但在家族系統的眼光：收取而不付出的人，會失去這個家族系統的歸屬權，而無法留在系統中。也就是說，那個什麼都沒給出的男人將離家更遠。這個世俗觀點看似「不公平」，但在能量層次告訴我們，付出者得到歸屬權，負擔重卻對家庭有影響力。若需要家裡每個人都能在家安在，則需要讓每個人都對家庭有所付出。

以愛的貨幣來比喻，帶著愛的付出給出了貨幣；沒有感謝或回報地接受就會用掉貨幣。若積欠過多，則會失去留下的權力，明明是家裡的要員卻無影響力，愛也凝滯了。根據這些原則，我親身用在婚姻中，調整我與丈夫之間的平衡，以下是在生活中累積的經驗：

1.當我收下一份來自老公的付出（例如：多接送小孩一次），我會記得多回報一些（說謝謝，並在下次單獨照顧孩子，支持他出門的自由）。

2.當我不小心傷害對方（例如：口出批判），我會真心找機會補償（如：道歉，還有實質上的，投其所好給出禮物，如：一次夫妻的約會）。

3.當我覺知失衡或被傷害時（例如：老公一直忘記帶錢包，我買很多菜出很多次錢），我會要求他回報，但要求少一點（有一次，即使我帶著錢他沒帶錢，我依然拒絕付帳，母子三人悠哉等著他專程回家拿錢；而我，在錢的分量所要求的補償會少些）。

4.當我不小心付出過度時（例如：因為自己的潔癖做過量的家事），我會有覺知地，盡量不帶批判與抱怨，要求平衡（例如說：「這幾天地板都交給你了喔！」「老公，這堆衣服請送去洗衣店洗，謝謝你出錢」）。

5.幾年前，夫妻平衡議題嚴重時，老公發出緊急通告：「老婆，求求妳，不要一個人做家事，妳如果想做家事，一定要等我回來一起做。」「老婆，請妳出門為家裡花錢，回家一定要跟我算帳。」好幾次，我停下工作，練習忍受我的潔癖。有好幾次，我打電話請他回家做家事，他迅速回來。很快地，夫妻平衡回來，恩愛也恢復了。

6. 當我得到禮物，像是老公陪我回娘家；我會很主動地給出禮物，例如：安排全家回婆家吃飯，或主動為公婆做點什麼貼心事。

7. 結婚早年，當我不小心抱怨或對公婆家的文化有所微詞、批判或分析時。覺知後，我會很認真道歉，並敞開心胸，邀請老公說說我們娘家讓他不適應的地方。而當我們家有風度的老公一點都不想說時，我寧可伸出手心要求他打我一下。最後，會結束在頑皮的嬉鬧中。

8. 家裡有幾個原則，也是完全根據排列的平衡智慧，例如：

(1) 若那陣子，老公收入少些（我們倆都是自由工作者），我們就有默契，過得簡約一點，讓我們倆之間，對於家的付出是均衡的。我即使花自己的錢，都會買比較便宜的菜，或盡量不買奢侈品。

(2) 我外出帶領工作坊，雖然是賺錢，但因為我們倆金錢分開，而我非常享受工作。老公由於我假日帶工作坊，需要整日支持孩子們的飲食起居。那天晚上，一定是由我出錢吃晚餐，感謝老公與孩子們，讓我安心離家。而我若體力還夠，會盡量支持老公出門看漫畫，或騎單車逍遙一番。

(3)因為兩人比起來，我脾氣差，常說太直的話傷人，所以我很認真道謝、道歉。反過來，兩人比較起來，我提供給家庭許多的情感支持，陪孩子說笑，給出溫暖情感，因此，當我們倆單獨相處或約會時，經常是老公給我情感支持，他會傾聽我說很多的話，而我也會用心準備，敞開身心讓兩人有個甜蜜的相聚。

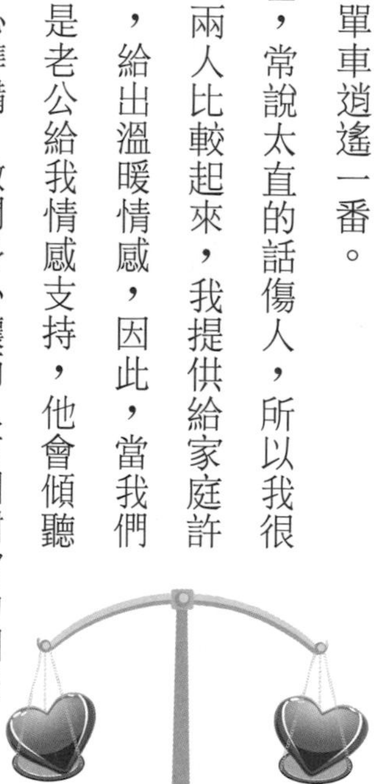

9.我們會經常問：「這樣你感覺平衡嗎？」「我要怎樣補償你，我們才會長長久久？」「這次開銷，我們要怎麼分？金錢、勞力、負擔、知識搜尋、做決定的權力？」

10.我們家遵守：付出越多，承擔越多的人，擁有越大的決定權。

也許，是這樣小心呵護平衡議題，所以這幾年的婚姻，平安地跨過了七年的臨界，進入一個新階段，有著契合、和平，與一些小浪漫。

我認識一對夫妻，兩人相偕出國念書，由於丈夫有獎學金，全部的經濟由丈夫支出。而那丈夫很寵老婆，不只自己節儉還喜歡買禮物送老婆。老婆卻過度認真念書，拒絕參加許多丈夫喜歡的臺灣同學活動，並陷入自己的許多情緒中，沒有凝視與敬重丈夫。那對夫妻後來離了婚，在妻子、丈夫兩先後另外心有所屬的情況下，丈夫強烈要求離婚。用家族排列的眼光，那妻子光拿取沒有付出，失去歸屬權；那丈夫過度付出，沒尊重到更大的平衡，兩人都失去婚姻。

這幾句話，再複習一次，把它們用到婚姻裡吧！

「為了我們之間的平衡，請收下吧！」

「為了我能繼續愛你，請對我好。」

「我傷害了你，請不要輕易原諒我，讓我用實際行動補償吧！」

「你虧欠了我，因為愛你，請你補償我。」

練習 1

家族排列讀書會

若你對家族排列有興趣，想練習使用家族排列的觀點觀看自己的人生，可以組成讀書會。

1. 邀約有覺知且願意學習平衡法則的朋友們，男女不拘，至少六人。

2. 一起觀看海寧格機構出版的家族排列DVD，以及閱讀相關書籍❶，並使用幾週的時間進行讀書會。

3. 用排列的系統觀點，討論自己的故事。

(1)閱讀書本的一章，或觀看一段DVD之後，提出裡面的觀點。

(2)使用此觀點，來觀看自家的生命故事。

(3)若非常嚮往排列工作，請找信任得過的排列工作者為你進行（臺灣海寧格機構）。

愛的貨幣

愛的貨幣之幣值，與金錢數額或工時多寡沒有直接的正比關係，反而與給出愛的純淨度有更同步的比例。也就是能量多寡，用愛來衡量，愛豐盛則富有，愛匱乏則貧窮。例如，老婆吵著要錢，老公被煩死了，丟下十萬元給老婆，這是一種狀況。另一種狀況是：老公主動關心，知道老婆需要錢，於是老公溫柔地問老婆願意收下一點錢

❶ 推薦《家族排列：釋放疾病業力》。生命潛能出版。

嗎？這兩者所創造的愛之流，前者是匱乏的，後者是豐盛的。像幼兒，他們雖沒做家事也沒帶錢回家，但他們所給出的愛之流，未必少於終日辛勞帶著憤怒的母親。

當然，物質本身是有能量的，金錢的多寡本身，也象徵了能量的多寡，但給出的心意與透過金錢所傳遞的愛之能量，則超越金錢之上。因此，要促進關係間收授的平衡，要有一個謙卑的寬廣視野，細心去覺知。愛豐盛的人自然而然擁有物質豐盛的流，那是一種主觀感受，與存款多少或穿戴名牌與否無關。愛的豐盛與匱乏，有什麼跡象可以覺知？愛的豐盛與匱乏，與心是否敞開有關。

♥ 心自然敞開，感受著宇宙大愛流入與流出，與人互動時，能用心中的大愛觸碰到周圍，言行上經常傳遞出感謝與祝福。在收下服務時（喝一杯豆漿、看一朵花）感受到喜悅，在給出服務時（付錢、送人禮物、給出祝福）也感受到喜悅。

♥ 心封閉著，忘記宇宙大愛的呵護，也無意和宇宙大愛連結，心經常封閉，陷落自己的慾望或苦痛，對周圍的環境沒有太多感知。在收下服務（別人服務你、打開一份禮物、開窗看見太陽）時，無覺知、遺忘謝意，或批判憤怒。在給出服務（付錢、為人做事）時，帶著不平衡或辛苦感。

收授的愛之流與豐盛

經歷前面的例子，你現在能更具體地理解愛之流的豐盛與貧乏，所謂「富有的窮人」就是指物質層面擁有很多但卻無法享受豐盛的愛之流。婚姻的交流也是這樣。

在我們家，每回爸爸回家時，孩子們快樂極了，跑到門口歡樂地喊著爸爸，呈現出兩個孩子無比的豐盛。而我的狀態則是不穩定的，開心喜悅看見或歡迎時，夫妻間是豐盛的。疲憊時的忽視，或有些不快樂的事等著質問他時，此時夫妻間就是匱乏的。當我煮飯洗衣，想到能服務家人是歡喜的，我就是豐盛的，家也收到了美好禮物。若我覺得不平衡且委屈，做家事感覺被虧待，這種狀態即使我勞心勞力，但以愛的貨幣來衡量，我的給出是少的。反之，當我工作賺錢，用我的錢為家庭付出，我感到有尊嚴與幸福，則愛之流也同樣豐盛。若我在為家庭支付帳單時心裡不情不願，感覺到壓力與虧損感，則愛匱乏的陰影已在其中了。同樣地，伴侶連著好幾週都工作到好晚，今天特別提早下班陪孩子，若你能在當下臨在，專心享受有人陪伴，帶著謝意收下，這會促成更多好的能量回來，愛之流更豐盛。若你失去臨在，見面時想起自己的孤單辛苦，哀怨他晚回家，伴侶的一番心意得到了虧損的回報，也就損耗了家庭中交流的愛的豐盛。

底下為一些關鍵詞，提醒你在愛的貨幣市場中的豐盛或貧乏，請時時覺知。

收授時：愛的豐盛	收授時：愛的貧乏
‧敞開的心 ‧喜悅地收下 ‧充滿謝意 ‧給出時開懷 ‧帶著敬意地給 ‧體貼地給 ‧無求	‧封閉的心 ‧輕視 ‧煩躁 ‧不滿足 ‧慾望 ‧強勢權威 ‧辛苦委屈 ‧埋怨敵意 ‧不平衡

愛的貨幣須超越世俗標準。抱怨、輕視、憤怒等都是雙方的虧損。例如：外遇的人給出傷害，然而，當你自認有理而失去敬意時，對關係的愛是更大的耗損。若能明白這層道理，放下算計的眼光，時時留意匱乏與豐盛，就邀請了幸福來到。這是

Do-Me-So-Do愛的實踐的大大成長。白話一點，實踐愛的原則，就是時刻在愛中，讓愛之流透過收授而交換與彰顯。

傷害之流的平衡與補償

在收授間有豐盛與匱乏，那麼傷害的平衡，是否有原則可循？最大的原則是，受傷害時我帶著敬意求償，但出於愛，我少要求些。若傷人我盡心賠償，但基於愛，我無怨尤。底下是傷害與求償的豐盛或匱乏原則。

傷害與求償時：愛的豐盛	
・原諒 ・寬懷 ・放下 ・帶著愛 ・平靜 ・無怨尤	・真誠 ・內省 ・不奢求原諒

傷害與求償時：愛的貧乏	
・怨恨 ・執著 ・憤怒 ・報復心 ・自我傷害 ・恐懼	・逃避 ・不情願 ・隱瞞 ・自私 ・高傲

愛與寬諒，是這裡最需要的。傷害發生後若執著於受害意識，則永遠難以平衡，

陰霾緊緊捆綁於生命裡，即便離婚了還揹負非當日份的傷害，帶到下一任婚姻中。神話學大師坎伯(Joseph Campbell)曾提出一個詮釋模式：

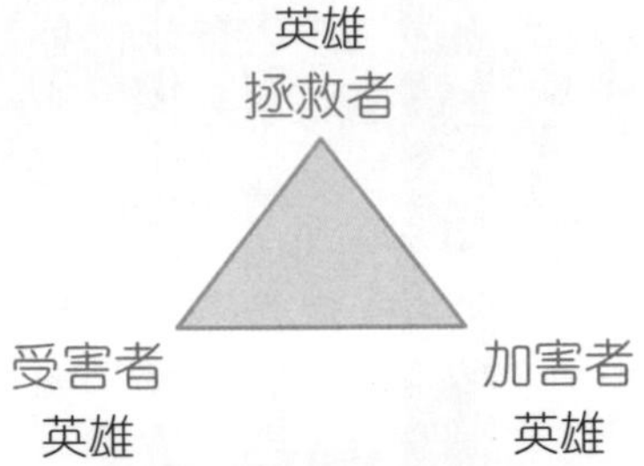

通俗的眼光，經常將傷害事件詮釋為：「加害—受害—拯救」的三角模式，但若個人願意突破，用靈性成長的角度來看，使用神話的觀點來活，則可以用另一種眼光：「英雄—英雄—英雄」。例如：家暴施虐者—家暴受害者—社工員，這可用加害—受害—拯救來看。但用一個超越的框架來看，回到靈性成長，看見個人的成熟之旅，可以發展成：「痛改前非的療癒修行人—找回個人力量的重生者—備受啟發與感動的見證者」之「英雄—英雄—英雄」的三角形。

無法給出寬恕與原諒，執著於停留在受害者角色的人，捆綁了自己的生命，難以自由。反過來，不願付出賠償而躲在僥倖的陰影中，也在靈性層次捆綁了光的成長。在傷害事件中，若愛與寬諒能豐盛，執著與怨恨則貧乏。當我們閱讀三角形圖形，你是否能明白，傷害背後的大溫柔是什麼？大溫柔，是指表面上看起來傷痛，而底層卻有著療癒深情用心的生命意圖。

這三角形的原初狀態是一個暴力者、無力保護自己的受害人，和看似拯救者的外人。但更深層地看，暴力者的內在有著受傷的幼兒，受害者的內在有著尚未彰顯的力量，拯救者其實是受惠者，他因臨近這場生命轉化而得到淨化或啟發。這是深情的生命意圖，把更深的內在與真實活出來。表層看到的，往往不是最深的真相。

因此，在親密關係裡的傷害事件，核心的重點是獲得療癒，並去除表面的標籤與看法，才能支持困難的關係轉化。當個體成為英雄的認同，能面對自身的苦與傷痛，能活出自己的力量，親密才有了可能。親密關係裡的賠償，需要很多創意與深情。

在結束這段以前，我列舉出一些平衡的豐盛觀點，若你能參考並活用在生活裡，就能邀約愛的豐盛之流，來到你的生活中。

關係中可能的小傷、忽略、讓人承擔	可能使用的創意賠償
・我要去進修	→我盡量省吃儉用，進修之餘的時間多做家事
・我想要去旅行幾天	→下次換人去旅行，我們相互支持
・我需要離開幾天，出差、處理事情	→等我回來，讓我來特別服務你，聽候差遣
・我需要早出晚歸，許多家庭事務我會缺席一陣子	→那麼在假日時，你出去玩吧！孩子交給我
・我要到外地工作，要離開家好長一陣子	→克服距離，提供家庭精神支持和很多感謝
・我生重病，不能照顧大家	→讓我活出力量，提供大家平靜與情感
・我想要接我爸媽來我們家住	→感謝、承擔責任，給對方父母更多主動的愛
・我想提供原生家庭支持	→同樣地，也主動關懷對方父母
・我刷卡過度、欠債	→盡量用勞力、用心、精神，回饋家庭

・我性慾低落，不太能陪你做愛	→我會照顧自己，尋找治療，用心面對；讓我用我能的方式，帶給你愉悅感
・我不太會表達自己，讓你被冷落	→我會樂於聽你表達，練習被感動，也練習說
・我不太能傾聽，讓你感覺孤單	→我會願意更主動問你的需要，看我能做什麼
・我失業了，我們要一起受苦	→我會打起精神，我們一起來努力
・我最近想平衡，不能做家事	→我會寬容、不在乎混亂，也願意調整平衡
・我要休息一下，需要獨處	→等我帶著寧靜與快樂回來
・我太權威、大聲、不會體貼關懷	→在我所能之處，我會學習溫柔
・昨天我脾氣失控罵人、打人	→我請客賠償，提供全家更多快樂的可能
・我帶著偏見指責並批判你	→我願意真心傾聽，學會控制脾氣
・我說話大聲嚇人，對你們沒有敬重	→我願意找尋協商與治療，學習和平
・我習慣不好，經常麻煩到大家	→對不起，我願意誠心接受治療，希望大家包容
・我情緒低落，帶給家庭沉重負擔	→在我狀態好時，我願意提供更多服務
・我迷糊經常出錯，經常要人幫忙	

練習 2

平衡之流的每日檢視

1. 這項檢視最好睡前做，如果睡前沒有安靜的時間，就找個方便安靜的時間，至少五分鐘。

2. 問自己三個問題：

(1)今日，我的愛之流是盈餘還是虧損？

(2)今日，我的傷害之流是盈餘還是虧損？

(3)明日，我能做些什麼來平衡我們之間的關係？

家庭股份公司的運作

我的家庭真美好　整潔美滿又安康
姐妹兄弟很和氣　父母都慈祥
雖然沒有好花園　春蘭秋桂常飄香
雖然沒有大廳堂　冬天溫暖夏天涼
可愛的家庭啊　我不能沒有你　你的恩惠比天長

一個這樣的家庭，背後要有多少支持才能成立？整潔美滿的背後要花費多少心思與勞力？安康與冬暖夏涼背後要有多少經濟穩固與豐盛？和氣慈祥背後要有多少智慧、精神力量和情感投入？春蘭秋桂的背後是誰在貢獻？我們經常忽視或看不見，一個家庭的維持，有著太多意想不到的需要，而提供這些的人，是否得到感謝與敬重？以下的表格，可用來打開眼界。

在生活細節裡實踐愛

你是否想過，上述這些行為都是愛？若你用心看見配偶的付出，心存感謝，愛就豐盛了。支持家庭背後的貢獻，需要被看見與感謝。當珍惜與看見蒞臨，愛的平衡就不遠了。

時間與心力	洗衣服、晾衣服、摺衣服、掃地、拖地、收拾雜物、物歸原處、買菜、構思規劃營養、洗菜切菜、煮飯、洗碗、收拾廚房、刷洗馬桶、整理垃圾、處理回收、倒垃圾、各種雜物採買、維持物流通暢、接送小孩、摺棉被、鋪床單、電器維修、更換燈具、疏通馬桶、居家修繕、電腦備份與更新、充電、系統維修、障礙排除、陪伴老人、照顧病人、家庭護理、整理花園、照顧寵物
金　錢	房子費用（房租、貸款、地價稅、房屋稅）、日常開銷（三餐、水費、電費、瓦斯費、電話費、網路費、雜物購買）、交通（油錢、保養費、通車車票、買車貸款）、衣物（治裝費）、醫療保健支出（醫療費用、保健食品）、育樂支出（學費、補習費、成長課程支出、教育設備採買、旅行費用）、奉養父母、送禮往來（喜喪費用、年節禮物、家人或朋友往來的各種開銷）、意外儲備基金
情感滋養	陪伴、說話、與孩子一同玩耍、傾聽、表達情感、訴說謝意、表達欣賞與敬重、讚嘆並讓事情有意義、保有家庭記憶、表達哀傷、表達歡樂、挫折疏通、情緒支持、提供歡笑能量、提供活潑與變化、頑皮與輕鬆、女性力量的提供
智慧與知識	家庭成長規劃、擬定家庭夢想、主持家庭會議、引導全家做大小決定、精打細算、財務規劃、報稅理財、處理紛爭、協商衝突、教育孩子、提供管教、旅行規劃、新知提供、收集重要資訊
力量與保護	臨在與靜心、男性力量的提供、遇到外敵侵入時保持機警與力量、安全感的提供、果斷的示範、巡視居家安全、注意各種異狀、預防危險（關燈、鎖門、瓦斯安全、用火安全、用電安全）、緊急災害的救難（割燙傷急救、送醫）
美感與意義	把美麗帶入房子（修整花草、插花、藝術）、把音樂帶入房子（唱歌、提供音樂）、在家庭變故時看見意義、表達對家人的敬重、打扮自己提供美感、配色協調

這麼細節的表格只想邀請你打開眼睛，知曉自己的舒適背後有這麼這麼多恩典！家庭股份公司，員工少卻要維持龐大工程，真不容易。在這表格裡，不管是男人、女人、小孩、甚至寵物、植物、房子、家具、電器……，都依靠家庭的支持，也都提供貢獻給家庭。這表格提醒你，哪些地方需要你的凝視與感謝、敬重與付出。盲點是只看見自己的付出，看不見別人的付出，以為不公平卻與事實有出入。邀請你，在生活裡深呼吸與深情凝視，感受細密無數的恩典。

把義務轉化成禮物

接受的人要練習看見與感恩，而給出的人要練習把給出的責任感轉為自由的給禮物感。由於家庭生活有太多要擔待了，若用責任與背負來感知，婚姻就很難浪漫起來。浪漫感要有美感與驚喜，要有自由與愛意。婚姻常被義務與責任拖累失去浪漫感，在沉重的生活裡，要有浪漫感，需破除義務的認定，回到當下，把每次的付出，都當成真心給出的禮物，感受到送禮與收禮的喜悅。要破除背負感，我個人是這樣實踐的：

1. 夫妻倆同意，很多工作，即使是責任分配，也是愛意驅使，不是出於義務。因此每個工作的承擔者，有完全的自由，決定何時不做什麼。當然，他會為整體考量，主動做另外的安排。這會帶來擁有主權的自由感。

(1)今天不煮晚飯了，請大家多包函。我願意出錢，你們來負責其他部分吧！

(2)我這禮拜不拖地喔！請大家忍受吧！若有人不同意，請出來協商該怎麼辦。

2.在做家事時，帶著愛而做。若有委屈或抱怨，請停下來，與愛連結。

(1)在做家事過程裡，一有覺知，就讓愛從心口流出、從手心流出，流到你工作之處。

(2)我帶著愛給出，我真心歡喜付出，珍惜有這個機會，我用愛來為家人行動。

3.不論是做什麼事情，都帶點「好玩」，讓創造力進來，使工作成為享受。

(1)不按常規打扮、煮飯、做愛，把好玩帶給自己。

(2)不按常規上班，請個假，讓夫妻有個驚喜的下午茶。

(3)例如在修理完水管時，用簽字筆在上面簽名，把自己當成明星。

4.帶著愛做事情。不論做什麼，邀請宇宙大愛進來，對所做的事情或對自己說謝謝你、我愛你。

(1)謝謝馬桶為我們的付出，我愛你，讓我來為你打掃乾淨吧！

(2)謝謝床單，每天晚上呵護我，吸收我的汗水，讓我來為你換洗，讓你舒服吧！

(3)謝謝垃圾桶帶給我們家的乾淨，讓我來為你清垃圾吧！

(4)謝謝房子的保護與照顧，我去上班了喔！

5. 當被愛觸動時，當想著配偶或家人感受到愛時，立即行動。

(1)去買點他愛吃的水果，買的時候，想著「我愛你」。

(2)寫張卡片，寫出心中的珍惜或歡喜，像年輕時寫卡片般地精心規劃。

(3)投其所好，看看他喜歡什麼，就給出吧！

6. 為彼此做些計畫，提升自己的幸福能力。

(1)看場電影，找到深刻而動人的電影，帶入關係中，也帶入討論。

(2)跳舞、唱歌，買花回家、說好聽的故事……，把創造美好當成義務。

(3)提升自己性的愉悅能力，學會自慰，學會給出很棒的愛撫。

(4)追求心靈成長，讓自己的情緒更穩定，更容易快樂和喜悅。

(5)木工修行、廚藝修行、按摩修行等。

練習3

家庭平衡會議

每隔一陣子，將這個章節再閱讀一次，或是把第186頁的表格影印出來當作備用。全家相聚時，來討論平衡議題。大致程序如下，僅供參考，無須拘泥。

1.用輪流的方式，每次邀請一位家人成為視覺焦點，每人都要輪到。

(1)大家參考表格，說說對這位主角的看見與感謝（假設主角是爸爸為例）。

①「爸爸，我謝謝你＿＿＿＿，讓我能＿＿＿＿。」

②「老公，雖然你沒刻意做什麼，只要你在家，我就特別幸福、有安全感。」

③「爸爸，上次你買＿＿＿＿給我，我好喜歡，因為＿＿＿＿。」

④「爸爸，上次你對我說謝謝，我很感動，對我影響很大。」

⑤「老公，謝謝你每次都準時倒垃圾，辛苦你了。」

(2)讓主角說說話，「其實，我對這個家，還付出了＿＿＿＿。」

2.用輪流的方式，每次邀請一位家人成為視覺焦點，每人都要輪到。

(1)想說的人，對主角說：「我看見，你在＿＿＿＿地方付出太多了，我想調整平衡。」

(2)主角自己說：「最近，在＿＿＿＿地方，我覺得不平衡，我需要你們＿＿＿＿。」

3.調整討論：大家討論，如何基於平衡的理由做調整。

4.結束時的慶祝：

(1)喝飲料、乾杯。

(2)擁抱、親吻臉頰。

(3)跳舞、唱歌，嬉鬧一番。

(4)去餐廳吃飯，大家輕鬆一下。

幸福停看聽

1. 若你對家族系統排列沒有興趣，也請討論能量平衡之概念。
2. 若你對家族系統排列很有興趣，請找人組成讀書會並練習。
3. 對於愛與傷害的豐盛與貧乏，請找到例子印證，你豐盛的時候通常是什麼時機？你貧乏的時刻又是什麼時機？
4. 請參考第二節的表格，討論當你在關係裡提出要求時，你能回報什麼？或是當你製造了傷害，能賠償些什麼？或反過來，你如何要求回報與賠償？
5. 請參考第三節的實踐愛的生活細節，看看：
   (1) 你的伴侶為家庭付出什麼？
   (2) 你自己為家庭付出什麼？
   (3) 是否平衡？不平衡的話，能如何調整？
   (4) 有沒有什麼付出，是為孩子做的？

6. 參考第三節把義務轉化為禮物的概念，在日常生活裡實踐。若覺得有困難，找朋友一起激盪創意。

7. 練習舉行家庭平衡會議，若配偶不是喜愛這種會議之人，先找朋友做練習，練習時以各自的真實家庭為例。最後，可以把這樣的精神帶回家裡，在無形中進行，不一定需要一個正式或具體的會議。

第八章

朋友、情人與玩伴

當夫妻是深奧的功課，除了練習在和平中協調差異與需求，合夥經營家庭股份公司之外，還需要當能聊天的朋友、做愛的情人，以及玩樂的遊伴。這是功課，也是美好。

樹的美與迷人，常在於那綠意盎然與花果的豐盛，當然，枝枒的姿態襯著天空的背景也能構成美麗的圖案，但樹的豐盛象徵，經常是茂密的綠葉以及鮮美誘人的花與果。關係大樹也是這樣，合夥人的共命是能否長久相守的關鍵，若沒有綠葉與花果，就少了生氣、生機與希望。朋友、情人與玩伴是夫妻間陪伴與尋樂的重要連結；聊天、做愛與玩樂是婚姻的必修功課和重點行程。

幸福在我之內的Do-Me-So-Ḋo的結構裡，聊天、做愛與玩樂是屬於Ḋo實踐愛的步驟。帶著愛來聊天，帶著愛來做愛，帶著愛來玩樂。因為帶著愛，所以無論發生什麼，都有著幸福的臨在與光——以愛臨在，用愛行動。當意識到內在愛的本質，呼吸的、凝視的就都會是愛，於是用心陪伴與玩耍，這些豐美與甜蜜，就能支持夫妻渡過各種生活挑戰——合夥人的吃緊或辛勞。

幸福的根本——像朋友一樣的陪伴

網路流傳的文章這樣寫著：

電視連續劇《康熙大帝》裡的康熙，後宮粉黛三千，但他最愛的人是容妃。他到容妃那裡最愛說的話就是「朕想和妳說說話！」然後就國事、家事，向她傾訴一番。到後來不得已廢棄容妃後，每每習慣使然，鬱悶時總要走到容妃宮前，但已人去樓空。沒想到康熙貴為千古大帝，卻連一個說話的人也沒有！

先不論這段歷史是否屬實，看到這段的觀眾或讀者，都能感受康熙皇帝的心情：盼望一個什麼話都能輕鬆說出口的知心伴侶。

雖然，成家與養兒育女對我而言意義深遠，成就了我今日的愛與力量，然而，若婚姻裡沒有甜蜜的喜悅，辛苦有時將難以釋懷。美好時光不是情人的專利，這句話在夫妻間更顯深篤與細緻。家庭擔子越重，越需要經營「享受生活」。一起享受生活，包含陪伴、性愛、生活樂趣，甚至是夢想與理念的實踐。

把一起享受人生放在婚姻的前頭，是很新的觀點，然而，用諦念可以做出很好的詮釋。

從前我陪伴過一位母親，女兒有潔癖，甚至連上學都有困難。這位母親，她全心陪伴女兒，不僅上班時照女兒選修的課表打電話

回家，叮嚀女兒去上學，還願意隨時回家，送已經念大學的女兒去上學。不論她怎麼貼心、努力，女兒卻一直困住，大學念了好多年，都在超過曠課標準的邊緣。夫妻倆很少有兩人獨處的時間，因為妻子大部分時間都當女兒的情人去了。

她來找我，我問她：「如果女兒大學畢業了，那妳還想要什麼？」

她說：「我希望女兒能找到工作。」

我問：「如果女兒找到一個喜歡的工作，也穩定了，那妳還想要什麼？」

她說：「如果她真能獨立了，我想要跟老公去環遊世界。」

我說：「那要不要現在就去？既然和老公一起旅行，是妳人生中最重要的，何須等待？把最重要的先做了，反正，妳留在家裡能做的努力都做過了，不妨換個角度，把時間精力回到夫妻之情？」

這太太果真了不起，她真和丈夫出發去旅行了，雖然沒有環遊世界，卻也是超過二週的國外長途之旅。而她發覺，平日那個白天睡覺、夜晚起來開冰箱看電視的女兒，在他們出國期間獨居，居然白天醒來了，調理健康的飲食餵飽自己、看書、早起早睡。這轉變讓她百思不解卻也充滿信心。於是，夫妻倆花多一點時間給彼此，有了夫妻之情的穩固，才能一起享受當父母的苦與樂。

一個家庭的核心，是夫妻間關係的健康與親密。一旦夫妻間的愛很流暢，基本上，孩子的身心健康就有了穩固的底子。但很多父母太認真工作、太認真當父母，而忘了陪伴彼此與做愛，這本末倒置的結果是負向循環的。夫妻倆過累、過勞、沒機會聊天相互了解、性生活不滿足、沒有休閒、不快樂、孩子即使玩瘋了也沒有真喜悅。我想對天下負責的好男人與女人說：

若你們夠努力、夠盡心，卻依然不快樂、不幸福，那就到了要調整先後次序的時候了。

讓兩人可以一起享受吧：聊天、做愛、玩樂、築夢。

若無法找到想做的事情，就自問：「如果生命只剩三年了，而我能確保孩子的未來不需要我的財產，那我和另一半之間，最想要做的是什麼？」

聊呀聊呀聊到深夜

對康熙而言，只有容妃能讓他暢所欲言，我就好奇：容妃有什麼專長，是母儀天下的女子能學的？讓人愛找她聊天？有位獨特的男士，他能聆聽別人的生命故事，但是他老婆不愛說，甚至也不想聽。這匱乏成為夫妻斷裂的開始，幾經轉折後離婚收場。聽聞這樣的故事讓我心痛，身邊有這類困境的大多是女性，因無法與配偶談心而孤單遺憾。我想起了一首萬芳演唱、姚謙填詞的老歌——「試著了解」：

最近常無言相對　彼此安靜電話兩邊
思緒飛啊飛啊飛到從前　你我初識熱絡季節
常聊啊聊啊聊到深夜　怎麼說也不覺累

那個初相識的熱絡季節，聊啊聊啊聊到深夜，怎麼說也不覺得累，而最近的無言相對，安靜電話兩邊，用冷漠或忙碌封住的心可能無感受，對敞開且渴求親近的心可就荒蕪了。

你的世界若不要我陪　告訴我　我試著了解
最怕寂寞子夜　我想到我們之間　遲遲無法入睡
我的喜悲若你不想隨　告訴我　我試著了解
最怕愛到落空　換來了一身傷悲　在你面前　你視而不見

而最後，還是難免，用拔高的假音喟嘆著：

為什麼所有溫柔心事
你不願意　去試著了解

這歌詞，彰顯了在情侶之間，當心無法靠近時、彼此視而不見時，關係就走到了末了。婚姻往往是，雖然這一層次空了，卻因其他層面的共命所以難分手，就只是喟嘆著：「為什麼所有溫柔心事，你不願意去試著了解」。願意去試著了解，是實踐愛的決心，願意溫柔訴說，也是實踐愛的基本步伐，聊天談話是表面的動作，實則關係需要的是透過聊天打開彼此的心，讓靈魂交流。

初相識的兩人，很輕鬆就能興致盎然地聊天（童年、好朋友、八卦事），等日日相處後，歷史都已知情的老夫老妻，要怎樣才能聊呀聊呀聊到深夜？為了回答這個問題，我們必須穿透人格的表象，去聆聽這些聊天背後的深層需求，若能破解這塊，也許我們就能找到讓老情侶與夫妻之間，聊呀聊到深夜的奧祕。

純淨說話的意圖

能夠聊呀聊呀聊到深夜，其意圖需要很純淨，沒別的目的，就只是想靠近對方、了解對方。但許多時候，當事人無覺知聊天的背後隱藏著企圖，就消失了聊天的美好魅力。夫妻間要捨下利害得失，把意圖攤在光下，真誠表達，坦白請求，而非偷偷地暗藏在聊天中。聊天前，得先「試著了解」自身內心深處的隱藏意圖，消融或溫柔揭露了，兩人就有了聊天的純淨。

在下方，我條列出各種暗藏在聊天底下的企圖，並列出可能的解套方法。

1. 沒有其他目的，聊天就是想要靠近與親密：因為浪漫愛的洶湧，想要靠近，選擇了語言交流，作為一種靠近的方法。

(1)有時候，因太想表達而忘了聆聽，會破壞親密氣氛，美好的聊天腳步是說說聽聽，像舞蹈。

①舞步混亂時，先別說話，單純說：「我想靠近你」、「我想要被你放在手心上疼惜」。

②把空白帶入，讓笑聲出現，安靜下來，將手安靜放在對方身上，於是能找到連結。

(2)當你能感受到伴侶說話的目的，就是單純地想靠近，你可以提供一個鬆鬆的聊天情境，試著把自己的心敞開，也感受到自己有多想靠近對方，兩人可以在默契中前進呢！

2.宣洩能量或尋求療癒與支持：情緒能量已經湧上來了，說話成為一種無覺知的模式，深層需求是尋求療癒與支持。

(1)宣洩性的情緒表達，不是每個伴侶都能承受的，即使能撐得住，也對親密有礙。

①覺察自己宣洩的需求後，回到Do-Me-So的步驟，不利用伴侶來宣洩。

②在情緒宣洩的背後，當回歸平靜時，將重要的訊息對伴侶表達：

・「我內在的創傷是……。」
・「我真正想要的是……。」
・「我擁有的力量是……。」

③宣洩通常不是需求，尋求支持才是真正目的，可以直接說：
・「我想得到支持，可以請你給我五分鐘，無須回答，只要單純聽我說嗎？」
・「我今天過得不好，可以聽我說五分鐘的話，照顧我一下嗎？」

④真正需要治療性談話時，寧可找專業人士也不要冒險在婚姻中拿伴侶當治療師。

(2)若你感受到，伴侶說話的目的是情緒宣洩或尋求支持，你願意衡量自己嗎？能給多少？容量有多少？訂出界線，表達你能給的與不能給的，並敬重伴侶。兩人用一種儀典的精神，重視自己給出的時間是神聖的，也提醒伴侶遵守這樣的界線，並珍惜之。

①我們的容量，最多能談多久？
②談的主題與焦點是什麼？
③我要怎麼做，能支持到你？

④若時間到，中斷的默契是什麼？

⑤伴侶用什麼來回報？真心感謝即可，或請吃一頓飯？（吃飯時請更換主題喔！）

3.尋求伴侶肯定：很多時候，談話是為了確認伴侶怎麼看自己，或是希望獲得肯定。通常，在認識初期很多談話為此目的，對自我不夠肯定的人，也經常有此需求。

(1)若你能確認，你想要的其實不是聊天，而是獲得肯定，那麼你可以這樣做：

①在……事情上，我對自己不夠確認，需要一點鼓勵，請你在談話裡盡量鼓勵我，好嗎？

②在……事情上，我想了解你對我的觀點，你願意在談話中盡情地告訴我嗎？

(2)若你發現，事實上很難從伴侶身上獲得你期望的鼓勵與肯定，那麼就放棄從伴侶身上獲得肯定。你要了解，他做不到是他的人格特質，不代表你不好。去找能肯定你並給予真誠回饋的人，來做自我確認。

(3)若你發現，你的伴侶真正想要的不是分享也不是聊天，而是獲得你的肯定：

①若你狀況很好，時間夠且有意願，在談話中聆聽他，並給予真誠的肯定。

②若你狀況不是很好，也沒什麼時間或意願，你可以這樣表達：「我聽到，你需

要一些我的肯定與保證，是這樣嗎？」於是，你表達你的現況、需求，以及你的愛。

・「真高興我的看法對你這麼重要，但我要你知道，有兩個人的看法比我的重要，一個是神的眼光，另一個則是你自己。我想讓你知道，無論如何我看重你。今天我累了，沒辦法聽你說太多細節。」

・謝謝伴侶願意接納與等待。

4. 關係確認：有些無法停止談話的傾向，追究說話的動機，是想尋求關係的安全感。

(1) 若你覺察到，單純聊天、靠近對方都不是你的真正目的，實際上，你需要透過說話，來獲得被愛的保證，獲得對方的承諾。

・若真是這樣，請停下來吧！你可以單純說：「我不是單純想聊天而已，原來我對關係沒有安全感。」請回到 Do-Me-So 的步驟，照顧自己。

(2) 若你感受到，伴侶在激你給出什麼保證：「我感覺到，你需要我的保證或承諾，是這樣嗎？」如果對方同意了：

①你可以先承接：「聽你這樣說，我很高興能認識這個不安全感的你。讓你有安

全感，是我願意的。我們來談談可以怎麼做？」

②你可以探問內心，要如何回應，底下是一種可能。

・「我愛你，這是現在真誠的感覺。」

・「此刻，我很疼惜你的不安全感，我想要給你一個擁抱，給你支持。」

5.紓解寂寞：驅動說話的是孤單。說話與了解對方不是重點，說話只是慣性，而非以愛臨在。這種時候，說話很難讓兩人真正靠近。

(1)若你覺察自己的現況如此，那麼是該安靜下來的時候了，漫無止境的用說話來排遣寂寞，只會帶來一種疲憊後的沉睡，無法真正照顧到內在寂寞。你可以這樣對伴侶表達：

①「其實我是感覺寂寞，很需要人陪。」「那個寂寞感很深很深，就在這裡。」(你可以用手觸碰身體的某個部位，那個寂寞感最強烈之處)找點創意的方式，來陪伴自己：

・找一首流行歌曲，能唱出這種寂寞的感受，問問伴侶願意聽你唱歌嗎？

・回到 Do-Me-So 的步驟。

・邀請伴侶陪伴你做和平呼吸的練習，這可以讓你們感覺同在。

②需要的話，找專業心理人員協助。

(2)若你覺察伴侶在排遣寂寞：

①你問自己能給多少？若不太能給，就表達：

・「我看到你的寂寞，我的狀態也不太好，我們暫停一下好嗎？」

②若狀態很好，能給出純淨的陪伴，找到創意的方式，支持伴侶渡過寂寞吧！

・觸碰他的心，做和平呼吸，感覺兩人的同在。

・去運動、舞蹈，把寂寞化為身體能量，呼吸出來。

・吃碗熱呼呼的麵。吃點澱粉質，提升血清素濃度。

6.用說話來逃離真實感受：讓人無法觸碰的聊天，在於說話只是一種遮掩，遮掩內心的困境：尷尬、害怕、轉移等，表裡不一又不想真誠。

(1)若覺察如此，就停下來吧！做幾個呼吸的覺知，回到Do-Me-So的步驟：

①單純表達：「我現在碰到困境，現在無法對你說。當我能面對的那天，我會對你說的。謝謝你的包容。」

②覺察內心真正的渴望，表達渴望：「現在，我最想要的，是……。」「謝謝你的聆聽。」

(2)若你覺察伴侶如此，或雙方不自覺逃避與遮掩，那就停下來，回到Do-Me-So的步驟：

①你可以安靜凝視伴侶，碰碰他的手，輕聲說：「請回來，跟我在一起。」

②邀請：「有什麼害怕，是你現在能說的？」「有什麼渴望，是你現在能說的？」

③輕輕說：「讓我們說說我們目前能說的。」

7. 想要伴侶明白他錯了：很多表白不是表白，是想強調自己的對、伴侶的錯。

(1)若你覺察自己有這樣的意圖，那你需要的是安靜下來。回到Do-Me-So的步驟：

①若你能回到平靜，看能否做幾個呼吸，邀請太陽的和平能量。你要明白，是內在的不肯定感需要確認，你甚至可以單純說：「抱歉，我離開了愛。」

②你可以表白：「我剛剛想說的，其實比較想要證明自己。對你也許沒有那麼重要。你還想聽嗎？」

(2)若你察覺到伴侶，有強調他對你錯的需求。你可以問自己：心有多寬。

①若你心寬得像大海或湖泊能納百川，你可以說：「請指教吧！我現在心很寬。」

②若你的心，沒什麼容量，你可以說：「我現在的心窄窄的喔！請照顧我的小心眼。」

8.想要改變或教育伴侶：語言背後有企圖，企圖改變與教育對方。

(1)這是最傷關係的談話方式，配偶不是孩子，也不是屬下，若跨越這界線，伴侶的平衡就破壞了，很難再有親密。

(2)若你覺察，自己想要改變伴侶的慾望，請回到Do-Me-So：

①揭露：「對不起，原來我動機不單純，想偷偷想改變你。讓我放下這不良企圖吧！」

②若揭露了，還無法放下，就坦承：「我真的很想改變你，你要聽聽看嗎？」

(3)若你發現，你的伴侶暗自想改變你：

①若心很寬：「你要不要直說，你對我的期待？」

②若心不寬：「今天我心不太寬，就別說了吧！改天我心寬一些，就能聽你說期待。」

這些細緻的覺察與坦白的勇氣，要有無數的Do-Me-So的基本功夫，才能走到「以愛臨在，用愛行動。」當你能做到這樣純淨，聊呀聊呀聊到深夜，就很舒服、很自然。

為什麼所有溫柔心事，你不試著了解？我個人認為，如果你想聊天而伴侶總讓你覺得碰釘子，也許真要修行「溫柔心法」。你能掌握的是自己說話時的態度，真誠而純淨。伴侶若有聆聽困難，那也反映著，你有溫柔表達的困難。你是需要支持才能自在表達的，若你的伴侶不能支持你，就找專業人員協助。於是你能做到，在通透時與伴侶聊天。對於依賴語言交流來感受親密的女性能量，面對不敞開心扉的男性，的確有許多要放下與寬諒的，這時候，若有個談話圈圈，就能平穩自己的需求。當你帶回家的語言都已純淨過了，兩人能找到目前能聊的深度，就珍惜吧！

開啟聊天空間的問話

許多問話，能打開聊天空間，「溫柔的好奇」是最重要的狀態。溫柔的好奇，是張開眼睛看見對方，打開耳朵聽見對方，敞開心胸容納他所說的。幾個問句，也許你能試試。

♥資訊的交換：你得到什麼資訊？有沒有好管道？重要聯絡人是誰？到哪裡買？有地址嗎？

♥外在時空的架設：那時候你幾歲？在什麼地方？去哪裡能找到？關鍵人物是誰？需要什麼？

♥如何：怎麼做到的？要怎麼聯繫上？有步驟嗎？要怎麼做？要怎麼去？要注意什麼？

♥感官資訊的架設：你還記得你看到什麼嗎？有顏色？形狀？摸起來是什麼感覺？如果你閉上眼睛想像一下，身體有感覺嗎？吃起來是什麼味道？有多好吃？有氣味嗎？聽起來呢？舒服嗎？那裡有些什麼聲音？

♥語言脈絡的架設：你說的最重要的話是什麼？如果有一句話可以代表你，你想說什麼？你還記得，當時他們怎麼說嗎？心裡有沒有沒說出口的話？

♥內在世界的深入：你有感覺嗎？你最想要的是什麼？有沒有期待？落空的期待？當時你怎麼想？你有聯想到小時候嗎？你的情緒是什麼？

♥後設背景：如果這故事有個標題，會是什麼？如果這件事有個配樂，你會用哪一首歌？打個比方，你的感覺像什麼？當時，如果你們兩個都是動物，會是什麼跟什麼？如果你是我，你會怎麼做？

問話，並專心聆聽，就能打開一個聊天的深度。要如何溫柔而專注的聆聽呢？Do-Me-So 的基本動作，能帶給你以愛臨在，和平而安然。於是，你能給出一個空谷，讓對方彷若能聽見自己的回音，看見自己的倒影，於是，透過你提供的空間，他能與自己相會。讓我成為空谷吧！你來我面前，與自己相會。這也是 Do 實踐愛的基本動作。

夫妻間的空谷時間

成為空谷，需放下我執與自我重要感。一些界線的設定，能支持成為空谷的狀態：「就讓我成為你的空谷吧！讓你能聽見自己，十五分鐘好嗎？接著，你也給我十五分鐘的空谷時間，好嗎？」「或是，請你成為我的空谷，等一下，我幫你按摩來謝謝你？」

要成為空谷，可以把眼睛閉上，做幾次自然的呼吸覺知，在內在邀請宇宙大愛的光流入你，從頭頂穿透你，再讓這大愛從你的心流出，流出之後，包圍了你的伴侶。這樣你們就有了個場域，在這場域裡，愛由你流向他；愛，透過你的主動，包圍了你們。成為空谷，在語言的習慣上，只有兩個小原則。

♥說話或問話前，都先摘要：「我聽到你這樣說……，是嗎？」「其實你真正想要的，是……，是嗎？」「我聽到，這件事對你重要的影響是……，是嗎？」「原來，你當時對自己的感覺，是……，是嗎？」「喔！原來，在你心目中，我是這個樣子……，是嗎？」

♥若要替自己辯駁，請等候十五分鐘過去。在這十五分鐘內，先做個標記。「這裡，我有不同看法，不過沒關係，這十五分鐘內，我是空谷，放下自己的立場。」「聽你這樣說，其實我有個感覺，你想現在聽？還是等一下？」「這一段，我會想給建議，不過我先放下吧！專心扮演空谷就好。」

在《男女大不同》的書裡指出，說話讓女性感到親密，而做愛讓男性感到親密。我的觀點裡，這是先與後的差別，不一定兩性差別這麼大。做愛，在能量上是鍊金術語中「結合」的根本，讓兩個相異元素合一的魔法。因此，我想跳脫《男女大不同》這書的格局來說說看。關係大樹的情人關係，是花果的地位，非常重要的。

緩慢性愛修行

自小，我是個中性化的女生，男性朋友當哥兒們相處，很少激發浪漫。性愛功課我學得緩慢，激情的體驗，隨著人格的成熟而慢慢開發如此細緻深奧的感官饗宴。在我陪伴婚姻個案時，經常會問性關係如何？性關係是一面鏡子，反映出婚姻最貼近的互動樣貌。

曾有對夫妻來找我，在他們的老大三歲後，婚姻面臨了極大的危機，兩個很努力溝通的人，怎麼樣都無法回到和諧。雖說浪漫必然消逝，婚姻也一定要迎接權力衝突鬥爭的困境，而這兩人怎樣努力還是挫敗。他們倆一起來找我，我同理了老婆的辛苦，也鼓舞了老公的盡心盡力。在治療中他們能不爭執而感恩，有了願意調整自己的意願。但他們說：「這樣的療程對我們而言，不只要花掉來回交通的一整個工作日，還有費用支出，加上時間上也難安排。現在爭執已經緩和下來，有什麼是我們不用透過婚姻諮商，還能為婚姻做的？」我為他們解析，那種從婚姻治療室出來，婚姻裡瀰漫的輕鬆親密氛圍是很重要的。有沒有可能自己創造這樣的氛圍，而不用依賴治療師？三個人討論，怎樣的情境可以醞釀出這種氛圍？我們討論出來，婚姻治療中得到的是：「找到一個能靠近的通道讓男人能當男人，女人能當女人。」

有什麼替代方案能代替婚姻治療？那時候，剛好我閱讀了許多性學的書籍，於是我建議他們倆試著專心來經營性關係！我勸他們，把婚姻治療的經費拿出來當作約會費用，應該很划算。後來，他們找到一個能靠近的新通道，固定去美麗的地方約會，讓性愛有如儀典一般神聖。她形容：「在約會時，很單純地老公的男性能量純然地與我的女性能量同在。那時候，他大我小。而在平日的生活中，由於他是個柔性男人，而我是個果斷的大女人，處理各種困難，難免踩到他的男性自尊，也因為過於辛勞不免抱怨，失去女性柔軟的魅力。」

的確，日常生活紛雜的各種議題，教養、經濟、家務分工、原生家庭的介入等，很難讓夫妻純淨地在一起。而在性愛的修行時間裡，腦袋被放下了，靈魂與身體合一，我認為再厲害的婚姻治療，都無法企及這樣的能量交流。這對夫妻比較特別，他們有能力聊天，協調平衡，所以補足身體親密這一塊，就平衡了。並不是每對夫妻都能這麼容易。除了性愛修行，還有親密修行，還有平衡修行呢！這些修行各有風景與滋味，靈性的光與暖，落實生活平衡議題的紮根與安定，聊天親密的溫柔與和煦，而性愛的綺霓風光則是別的活動無法替代的。

在這個媒體開放的年代，不難找到各種性學的書籍，在我的閱讀經驗裡：歐洲女性主義的性自主權角度，啟發了女性的醒覺，卻失去了兩性能量的和諧，尤其在女性主義思潮中，難免有性別改革的政治意圖，失去性的純然。而露骨的A片，無論是日本或美國製作，大多是激發性慾而無法激發愛慾，尤其強調性器官的快感，實則是錯誤的性教育。近年來，以聳動真人圖片加上東方愛經的性愛指南，拍出唯美的性姿勢，卻教導不了那內在自然的愛能量如何交融，這些性媒體，不是混合著政治與社會改革目的，就是把身體物化，使用慾望來達成商業目的。

對很多女性而言，她們的性幻想，需要由少女情色漫畫、羅曼史的情慾喬段，以少女唯美的幻想勾引內在的情慾；對男性而言，裸露的身體或直接的畫面，容易激發慾望。然而，婚姻的性愛旅程，要如何才能讓愛融合在一起，並帶來相異的男女兩性深度的結合？近年，日文翻譯的《緩慢性愛手冊》，在市面上為性愛修行，帶入新眼界與觀點。緩慢性愛關心的是，有愛的夫妻何以難以享受性？

作者德永老師評斷A片為性教育的垃圾，它讓男性使用女性身體來發洩情慾，A片的典型喬段，反而阻斷了愛的流動。緩慢性愛，基本上是給男性看的教戰手冊，他認為：真正能引發性能量以及極致體驗的是女性的身體。女性的身體，如同一個美好的樂器一樣，需要有素養的音樂家，才能使之發出美好的樂音。你能想像，什麼都不會的人去撫觸一把大提琴所發出的聲音，相較於馬友友使用大提琴所帶來的震撼與感動嗎？

緩慢性愛修行，就是讓男性成為女性身體的樂師，帶著愛意，使這美妙樂器發出天籟般的樂音。透過全心投入這歷程，男性除了能欣賞女性在此時流露的美感，也能在能量共鳴裡感受到身體的細緻愉悅感，達到更深層次的高潮，而不是A片中單薄的性宣洩快感，這對男性是一種啟蒙，使其有機會發現，原來靈魂真的住在身體裡。

給男性的緩慢性愛實踐

去買書吧！網路上有簡短的宣傳短片，展示書籍附帶的DVD內容。若兩人都同意，就讓丈夫透過觀看DVD來學習吧！書本的文字，教導男性如何珍惜女性的身體，讓夫妻間多一項修行，共同的樂趣：看書、看DVD，摸索與探討，彼此回饋。這歷程就像是希臘神話中，宙斯的皇后希拉，希拉每年能在神殿的泉水療癒下，恢復處女之身。尋常夫妻，經常因為太熟悉而失去激情的觸動空間。緩慢性愛修行教導男女兩性，能穿越這層感官遲鈍帶來的遺憾，讓妻子在丈夫的帶領下，恢復新鮮的觸動，有如接受神殿的療癒泉水之洗滌。

給女性的身體探索啟蒙

基本上，緩慢性愛的書是給男性看的，雖然也有女生版本，但內容大同小異，只是教導女性如何引導男性來愛撫自己。我的經驗是，女性需要的是給自己更多的時間，欣賞與疼愛自己。女性需要在妻子與母親的角色之外，記得自己也是情人的角色。

情婦與妻子，是很有趣的對比。太認真當良家婦女，相夫教子的女人，失去了生活樂趣和美麗的風情萬種，是太大的損失。不只是自身的損失，也是丈夫與子女的損失。生命原是豐盛美好的，女性能安居於身體內，接觸到內在的本能與生命力，並使用顏色和風情展露，是家庭豐盛能量之啟動者。

女性的性愛修行，不一定要去學各種取悅男性的姿勢，而是先從取悅自己開始，給自己專心的時間練習自慰吧！給自己專心的時間，有如情婦一樣，好好安排兩人的性愛時光？要穿什麼衣服？要聽什麼音樂？要他來觸碰自己哪裡？若緩慢性愛要男人突破錯誤的A片教育，那女性能在性愛中愉悅的關鍵在於，從社會對性的汙名化解脫。

婚姻中，性愛修行的關卡

第一關：自信心

婚姻性愛的修行關卡很多，自信心通常是第一步。「因為上理書的課，我很能給予回饋與讚嘆，所以，我的男朋友越來越有信心了，他變得更敢表露也更投入，這對我們是很好的。可是，現在反倒是，他想要的多於我想要的。」這是婚姻性愛最常遇到的兩個關卡，第一個關卡是男人的自信，而這一點，透過伴侶的意願，實質做愛經驗，獲得伴侶口語上的回饋與讚嘆，男性可以有穩定的信心。女性呢？女性很有意思，性上面的信心不在愉悅體驗能力，而通常會卡在身材的自信心，以及自我關愛的能力。「生孩子後對身體的自信不如以往，於是生活重心放在照顧孩子上頭，性生活有時就忽略了，沒有那麼的投入或享受。」

如同男性，女性也很需要讚美。可是啊，女性最嚴苛的身材評論者通常不是男性，即使伴侶說了十幾次：「我覺得妳現在身材還是很好啊」，或是「其實妳豐滿的樣子抱起來更有快感」，魔鏡還是會說：「皇后，過去的妳身材最好，年輕的妳才是天底下最美麗的女人。」女人在性愛的初期，迷戀性愛的部分原因，是一份自溺於美麗的沉淪，也因此，能讓男人勾起慾望的露骨A片，對女性而言，不如充滿美感的裸女自慰，來得有勾引效果。

男女兩性，要突破第一個關卡，都要學會自愛，Do-Me-So是好好的與愛連結之練習。男人要學會，自身的魅力與財產、地位、成功、樣貌或年齡沒有太大關係，而在於是否能以愛臨在，用愛行動。如果你因失業而無法享受性愛，那不是來自女人看輕你，而是內在的你，正嚴厲批判著自己。同樣地，女性的魅力與風采，與年齡、身材也沒有絕對的關係，女性魅力來自於與身體的合好和合一，能放下俗世紛擾，專心投入性愛中綻放。德永老師的性治療室，可以治療失去信心的中年歐巴桑，讓她在性慾的享樂中綻放出無比的美麗光彩，並教導她的丈夫，有能力享受妻子這般無比華麗的美感。

第二關：和諧對稱的性需求

兩性對性需求的覺醒度與頻繁和多寡的差異，是婚姻性修行的第二個關卡。「我知道要他拿錢回家養小孩，就得滿足他，孩子要交學費，很多事情都需要錢，有時候即使我很不喜歡，我還是會由著他，我把自己當妓女好了，為孩子的學費而忍受。」這是最傳統的女性，因為自己還沒有感受到性愉悅的舒適感，加上經濟的恐懼，在權力位階的壓迫下，更難享受性愛的美好。「自從妳教了我自慰，我真的慢慢有感覺了，我也學著教他，跟他說要怎樣我才會比較舒服，他沒有生氣耶！現在好多了，我比較沒有妓女的感覺，還有一次，是我主動想跟他要呢！」

要突破第二個關卡，需要男女各自的學習與修行。對女性而言，修行有二：要破除對性的偏見與排斥感，要增長自己的主權與獨立意識，要學會探索自己的身體樂趣，要在自慰裡發現身體的愉悅能如此美好，要能享受沒有男人的性高潮。

「那陣子我開始探索，逐漸發現，沒有男朋友，也能有性高潮，而且是這麼簡單這麼單純，不用承擔種種關係裡複雜的需求，然後我解脫了，女人能擁有自己的身體帶來很大的力量感。而這種力量，好像會讓男人害怕。」這是一條女性的成長之路，無法速成，需納入終生學習的計畫裡。女性自主權的覺醒，無法由男人來完成，需要願意在生命裡真誠面對自己。「後來，我逐漸明白，最早我把性當作一種工具或交換，我需要男朋友對我死心塌地、對我好，我發現性真的很有用。可是，當我看到自己那麼脆弱，那種匱乏感原來是來自童年的家庭，我把焦點放在這裡治療自己，我就不再那麼需要有男朋友的承諾，慢慢地，我有更多的自由，我只想把力氣花在自己身上。只是性需求的部分，反過來，我覺得需要男人來服務我這一部分的需求。」

這樣的成長是美好的，有能力把性愛當工具的女性，已經在練習掌握自己的身體了，自由地運用身體是多麼大的成長？接著，不再把安全匱乏的需求投射在男性身上，自己承擔起承諾照顧自己的責任，這又是情感層面的大成長，生命往成熟路上步行了一大段。接著，轉向發現女性自己就能擁有高潮耶！這是情慾探索之路的里程碑。「現在，我的性與愛合在一起了，我和丈夫都能彼此溝通，也都有能力取悅彼此，或者拒絕對方。」這條道路，已到了最後的成熟階段。

有身體愉悅能力的女性，在婚姻中需要保持的，就是在情愛中的感受了。女性很容易將心理事件過渡到性關係：「我會因為對婆婆的不滿，而沒什麼性需求。」或是，在過度認同某些角色（職場女強人、辛勞的家庭主婦、孩子的媽）時，遺忘身體，遺忘浪漫，遺忘情慾：「擁有嬰兒的頭幾個月，常會忘了性需求，有時是看見先生的渴望，才記起自己除了是母親，也還是個女人。」這時候女性需要為自己暖身，身邊要常備一些讓自己能有性觸動的媒體，無論是什麼，妳需要自己去探尋與發現。也許是圖片、也許是文字、漫畫、電影的某個喬段或某個對白，或是要配偶用特定的方式對妳說話與觸碰。這些，是妳的責任也是權利。

這第二個關卡，對男人而言，就是緩慢性愛的修行了。男人不知道的祕密是，雖然你的性幻想或勃起次數很多，性需求頻繁，但真的能讓男人在性愛裡忘我享受的其實是女性忘我的帶動。當女性由於男性的帶動，透過緩慢性愛的引發，逐漸融入身體的能量波浪裡，那忘我的愛慾能量就能引發男性的忘我，男性不再是個樂師，而是與琴弦和琴身一起共振的空氣，進而成為樂器本身，合一的身體啟動了男性平日不易透過語言啟動的靈魂，卸下平日不輕易卸下的盔甲（自我界線），這才真的放鬆到渾然忘我的能量裡。此外，男性需要記得，真正的性器官是大腦，也就是，若女性的心中沒有性幻想，無法融入性中享受，若女性無法享受性，性需求的頻率自然遠低於伴侶。而女性要在平日有性幻想，透過大腦啟動性感受，需要一點浪漫感。如何啟動女性的浪漫感，去問你的伴侶吧！她會教你。

第二個關卡對另一類的男性，則是失去了性慾，很無助地不知道如何滿足老婆的需求。「我開始害怕，如果不能滿足老婆的慾望，要怎麼辦？這很難啟齒，我可以感覺到她在跟我要，可是我工作到十點才下班，回家後得聽老婆說孩子經，然後她滿足了，想跟我要，我卻不行了。」這樣的情境，如果不是男性遭受生命的大考驗（破產、重症），就是男性內在的女性能量，如同女性一般，需要很細緻的情感共鳴度才能引發身體慾望。

這細緻的情感共鳴度，需要配偶的敬重與重視，也需要和配偶間有真正的心靈交流。若兩人遇到了此困境，男性需知曉的，是女性對性器官的需求不如男性刻板觀點所認知的。很少女性能享受陰道的性快感，也就是沒有生殖器的性交，對女性而言，困擾沒有男性想像得多。這時候，男性可以參考女同志的性愛指南，就會知道如何在這階段，能維持夫妻的性生活，而給彼此一個時空，找回力量，或找回婚姻中的情感聯繫。

第三關：人生的考驗

婚姻中性愛修行的第三個關卡，是面對種種生活壓力、生活危機時，是否還能純淨地保有夫妻間性愉悅的天堂呢？

「動了攝護腺手術以後，不知道是怕死還是什麼，就很少行房了。醫學上完全沒有影響這我都知道，但就是興趣缺缺。」

「照理說切除子宮是沒有影響的，反而因為沒有懷孕的危險而更沒有後顧之憂，但不曉得怎樣，我們就是少了很多。」

「我的男朋友對自己很有自信，在我們吵架以後他常以為我們可以在床上和好，但是不行，那真的很難。」

「其實都是草草了事，就是行房，沒什麼感覺，不要以為男人只是動物需求，洩了就滿足，別把男人看得這麼膚淺。」

「我們年紀都大了，其實我們比較享受的，是那種溫存的感覺，就是抱著玩一玩都好，有沒有最後那個階段也沒關係。」

「在我媽媽去世那個階段，我有服用精神科藥物，其實我都沒有慾望，跟以前很不一樣喔！以前我是很享受的，那時候我都沒有感覺，甚至會痛，可是我還是會陪他，因為我還是很愛他。這陣子我們找到很多取悅他的方法。」

「和老婆吵架的時候，我覺得自慰簡單多了，很簡單，就是釋放能量，釋放後輕鬆多了。能不用去面對老婆的種種情緒，不需要聽她說很多我的不是，自慰真是方便極了。」

「練瑜伽之後，可能是海底輪的開發或什麼的，我更能享受性愛。」

這些起伏，無法單獨來看，它們要被放入婚姻的整體來看。在愛中，兩人能攜手面對，只要有充足、健康的性知識，這些困難的克服，都比心理困境或衝突更容易渡過。我認為：若沒有性知識的誤用，性愛是鏡子，映照出自我愛戀與兩人間坦白無遮的親密。性愛的本質是愛的修行、自我肯定的修行、情感與關係的修行。

在結束這段前，做幾個整理：

1. 愛自己，照顧自己的身體，呵護與珍惜自己的情慾。
2. 自我肯定，別以外人的眼光來評價你，像宇宙愛你一樣愛自己，當挫敗、失落時，回到自我療癒，別忘了幸福在我之內的基本動作：Do-Me-So。
3. 擁有情慾的自主權。無論男女，都需要有輕鬆自慰的能力。

(1)自慰，需要帶著很健康的眼光來看待性，讓性在陽光下、在光裡，如同奔跑騎馬一樣，是可以精熟的身體能力。

(2)正確的性知識，在安全情境下私自練習，讓身體與心給自己最好的回饋。

(3)若需要良好的工具，請為自己備齊，這些工具需要私密藏好，不管孩子成年或未成年都要遠離父母的性能量刺激。這個年代有很多質感很好的優雅工具，請利用網路購物。

4. 夫妻倆用心規劃你們的性儀典。因為很重視，所以有如儀典一樣珍貴。

5. 市面上有緩慢性愛的DVD，給男性與女性的都有，這是我真心的推薦。

一起玩樂

週休二日後，許多家庭有了旅遊規劃。但鮮少有家庭，能放下孩子或原生家庭，有夫妻的休閒規劃。現代人疼孩子多，加上小家庭的責任感，假日經常是原生家庭的相聚時間。非假日就是工作，夫妻倆人什麼時候一起玩耍？應該是要請假吧！

我們家老公從不放棄邀約我一起玩耍。以工作為樂的我，經常拒絕他。他說：「一起去游泳吧！」我說：「可是我不愛游泳」；他說：「一起騎單車吧！」我說：「我想像的騎單車，跟你嚮往的專業公路車騎士，很不一樣耶！」；他說：「那跟我去潛水吧！」我說：「可是我最近在寫書。」

後來，我想做最近很風行的肝膽排石法的淨化活動，我說：「一起做吧！」他說：「好啊！」於是我們一起看書，討論觀念，他上網訂購了有折扣的有機蘋果汁，我上網查了相關經驗，然後我們也一起評估，一起去有機店購齊必要的工具，一起進行，一起修正錯誤，相互鼓舞「你今天喝蘋果汁了沒？」調笑：「瀉鹽喝起來很難喝吧！」然後，一起做大腸淨化，躺在地板上聊著各種排泄的大小事情，笑成一團。一起蹲馬桶（兩個馬桶），然後算著排出幾顆石頭，相約下次何時再來一次，於是我笑說：「我們終於找到一件可以一起完成的夢想了。」

重視夫妻關係的我們，平日就經常一起聊天，還有刻意的兩人獨處時光，看了書分享心得，看了電影一起討論。雖然，這幾年我們走出各自的風格，書架的書已經不重疊了，但我們會說自己看的書給對方聽，那帶來許多樂趣與交流。他的教育新知與運動知識，我的靈性知識與方法，交流時，帶著欣賞和佩服，把我們帶回情人的關係。

有位女士，她崇尚心靈，有個熱愛運動的老公。聊天時，她喜歡深入探索內心世界，老公喜愛聊八卦說笑話。兩人雖深情真義，卻難有好交流。二十多年的婚姻近來多風波。老公曾配合上成長團體，做婚姻治療，畢竟是為了挽救婚姻而配合的行動，並沒有帶來多少改變。在婚姻最困最傷時，兩人幾經波折，最後還是願意為了孩子繼續在一起。處境陷落最底層時，在絕望中，她從靈性療癒團體連結到神性大愛！她放掉所有對丈夫的批判、標準與失望。這支持了她接納現況，她開始有能力去靠近丈夫的世界。她刻意和老公一起去慢跑、游泳，兩人找到一起進行的活動，幾年的婚姻風暴暫時落幕。

夫妻能一起做什麼？這是需要用心的創意活動，不能做假，不能勉強。童年時，我的父母愛一起去舞廳跳舞，每回他們打扮得漂漂亮亮，一起出門時，孩子們都很開心。我常去的咖啡店主人的爸媽，會在店裡下圍棋，兩老的微笑溫婉，非常動人。我那單身的老媽，有個用老人優惠票遊臺灣的玩伴團體，裡面有很多夫妻檔，沒有生活壓力，大家相約玩耍，去新開張的店吃東西，去老人大學上課，招遊覽車殺到屏東海生館一日往返，誰家主持烤肉會大家一起去玩，選個日子一起去唱卡啦OK。這些朋友叫做玩伴，媽媽的煩心事不會在這裡說的，媽媽說那些夫妻檔回家未必有話聊，但他們一起出門，在群體中笑起來都很容易，這些歡樂與共同記憶，帶回家裡，彼此若還有對立處，也有更多歡樂記憶的潤滑。

一同養生調理，吸收食物新知，做出新食譜？若有排毒淨化的週期，準備兩人份一起進行？相互叮嚀，做運動、喝水、吃蔬菜、量體重、測體脂肪？我妹妹和妹婿，他們倆都是超重的體型，這幾年，兩人有很多健康習慣的共勉，戒了菸，戒了酒，多運動，吃健康食品，那是一種生活的樂趣，調笑彼此的體重的同時，有著攜手一同健康前行的約定。

一起運動？找臨時保母照顧孩子，兩人一起上健身房、爬山、慢跑、游泳。夫妻間，在有了孩子以後，活動通常分開進行。你去游泳我在家照顧小孩，再換你照顧小孩我去慢跑。這是個相互支持的美好禮物，是合夥人相互照顧原則。但要一起享受人生，就要反向操作，請個臨時保母，讓夫妻倆能一同吃飯、爬山、喝下午茶，你會願意請假或聘請臨時保母，來給兩人好玩時光嗎？還是，你會等到需要挽救婚姻時，才請假做婚姻治療？諦念提醒我們，能擁有的只有此刻，最重要的事無須等待。當婚姻還親密時，更要珍惜這活生生的關係，多多經營。

你們都愛閱讀嗎？愛說故事嗎？夫妻間若要讀書，不要讀太嚴肅的書，太嚴肅的書應該是同好的讀書會，夫妻間最好分享有人性深度的各種好故事。無論是漫畫、電影、小說，一起看一樣的故事很好，看不一樣的故事也很好。長篇漫畫的好處是，你們可以問：「那個……現在發展到哪裡了？」於是另一半就有機會說故事給你聽。有一點深度的小說，可以這樣問：「那個……我有點不懂耶！你懂嗎？可以講給我聽嗎？」練習說故事，練習把近來看的電影、漫畫、小說描述得很好聽，說給伴侶聽。說故事是人人可以鍛鍊的能力，練習每個星期說幾個好聽的故事給伴侶聽，即使是網路流傳的小故事也行。不知道神祕在哪裡，每回當夫妻間有了故事的交流，兩人就像回到小時候聽故事一樣，有顆純真的心，好靠近好靠近。

你們一起瘋狂嗎？有天朋友帶來了快節奏的好音樂，剛好我把家裡的彈簧跳墊拿出來，放了震天的音樂，朋友和我們，加上孩子，一起瘋狂地跳了起來。輪番跳上彈簧墊，隨著音樂彈跳，跳一跳就下來，換另一個人上去。這種活動的重點是，一定要超過兩人，如果你們倆原來都不是瘋狂成性的人，就要有小孩或個性自由的朋友加入，好玩就好，不要強迫誰一定要加入。用非常自由的好玩來吸引人加入。那天，我旁觀居多，沒有上場的我卻還是很瘋狂地在音樂裡搖晃，視覺上看著他們的彈跳，我也跟著雀躍起來。這樣小小的瘋狂，偶爾出現在婚姻生活裡，是個能打開活力的嘗試。偶爾，託人來家裡陪孩子睡覺，找識途老馬的朋友帶你們去夜店玩，不會跳舞也沒關係，只要能搖晃、能笑就好，不會喝酒也沒關係，光喝氣泡水都能很High。在那個跳脫常軌的深夜，遠看配偶的身影，或近近凝視他的滄桑與美麗，很多婚姻裡需要的顏色與節奏，能帶回來的。

一起規劃自助旅遊，做一個長期的準備，像年輕時一樣，花半年時間準備一趟旅行。蒐集資料，討論彼此最愛的是什麼？旅行中想要什麼樣的驚喜？最在意的是什麼？兩人要穿什麼樣的衣服，有沒有情侶裝或親子裝？或是，以最輕簡的行李為目標，兩人定計畫來完成它？「沒時間，幹嘛那麼累？交給旅行社就好了。」這個觀點，是把這過程跳過，只把旅行看成目的。

「夫妻一起享受人生」的祕密在於，過程就是目的。

目的是「一起享受，創造革命情感，凝聚共識，創造記憶」。也因此，過程本身的參與，就創造了一起聊天、相互了解，甚至學習協商兩人差異的親密目標。很多夫妻經常找不到話題聊天了，請去創造一個可以一起經驗的挑戰，而且是快樂的喔！不要等待命運捎來大困難時才成為革命夥伴，在日常生活裡，就開始在一起吧！

一起騎公路車、一同品酒、共同照顧寵物、相偕去露營、一起貼家庭相簿、一同寫部落格、做手工皂、網購、做社會公益：參加慈濟，加入公會、換新窗簾，搬動家具，為家裡增加綠意、共同做股票、閱讀新知、協力想點子孝敬父母、擬個理財計畫，規劃多年後的夢想、學煮咖啡、練瑜伽、交換按摩，相互拍打經絡……，把心思放回這塊，就能把歡樂的正向能量，帶回關係裡。

當夫妻是深奧的功課，除了練習在和平中協調差異與需求，合夥經營家庭股份公司之外，還需要當能聊天的朋友、做愛的情人，以及玩樂的遊伴。這是功課，也是美好。若你還沒確定是否要天長地久，或是決定不婚、不生孩子。人生裡，一定也有需要協調差異的時刻、合夥共命的友伴，包括許多朋友、性伴侶或情人、玩伴，或一起追尋的友人。幸福在我之內的第二篇，陪你實踐愛，用這些關係，來鍛鍊幸福。

幸福停看聽

1. 列舉出你能與伴侶聊天的主題，什麼是最能聊的？什麼是你渴望但無法聊的？
2. 參考第二節純淨說話的意圖，找到自己經常有的不純淨意圖，將那些意圖寫下來，並練習更真誠而負責的表達。
3. 參考第二節開啟聊天空間的問話，找人練習各種溫柔好奇的問句。
4. 試著在你的婚姻之間，帶入空谷時間。
5. 與配偶分享與述說，你們彼此對性關係的現況、期待與性幻想。
6. 找一群性別相同可信任的好友，分享性經驗，說說自己的期待或困難。
7. 說說你們的性修行中的關卡是什麼？是自信心？性需求？或是人生考驗？
8. 若有意願，去購買緩慢性愛的書與 DVD 在婚姻裡實踐。
9. 規劃夫妻獨處的約會時間，踏青、養生……，什麼都好。

後記

Forest's Talk：讀書會與陪伴圈圈

本書幫助你深入內在創傷，找回愛與和平；幫助你釐清糊成一團的夫妻爭執，讓你能看見彼此模式並踩煞車；幫助你如何在伴侶中享受人生。要獲得這麼多幫助，就要投入相當的用心與精神。

這是一本很深的書，所以你需要讀書會

伴侶與家庭，需要有支持系統。父母、兄弟姐妹、娘家、婆家、朋友、同事、組織友伴、社會福利制度等，是重要且普及的支持系統。而幸福在我之內，屬於實踐愛的生活修行，需要精神上的支持系統。你想想，每個關係都是一棵大樹，這些大樹群聚在一起說話聊天，分享經營關係裡的困難與美好，想像起來就很美好。就像大樹與大樹相聚在一起，成為森林，樹與樹的對話——Forest's talk，是本章的重點。

以本書為核心的讀書會，是知識與眼界的支持系統。以讀書會為根基，一群對於人生與相愛有共同哲學體系的人說說關係裡的點滴，在陪伴圈圈獲得支持後，充滿能量回到關係裡實踐愛。

誠實地說，這本書不好讀，很多細節跨心理治療與靈性治療領域，有非常多的練習。但我可以有信心地說，這是一本有幫助的書：幫助你深入內在創傷，找回愛與和平；幫助你釐清糊成一團的夫妻爭執，讓你能看見彼此負向溝通並踩煞車；幫助你如何在關係中享受人生。要獲得這麼多幫助，就要投入相當的用心與精神。所以，你至

少要配合「相愛部落格」的閱讀。你最好要有一個練習表，做過的練習就打個勾（見附錄1）。最積極與幸福的是組成一個讀書會，大家相互支持。

♡為什麼需要相愛部落格

這本書有許多思考與行為原則，然而，幸福在我之內，基本上是來自內在世界觀的全然轉化。這種轉化的發生，需要很多很多細節的故事，每日每日與你的生活串連在一起，發生感動，支持著你。因此，一本書是不夠的。而你若已深受本書感動而想確實實踐，需要的不是其他思潮的書，而是這個思潮的更多實踐故事。而「相愛部落格」提供了這樣的環境，在那裡有一千個以上的故事，說的都是轉向內的幸福修行故事。當你一次次閱讀而被感動，在能量上獲得共鳴，轉化與神奇，就會發生在你的生命中。除此之外，「相愛部落格」的姐妹網頁——「心之徑」，上面有理書多年來的演講聲音檔下載，有許多朋友回饋，那些系列的親密講座挽救了他們的婚姻。若你喜歡，也可以找到這些資料，給自己更深更寬闊的路。

為什麼需要做練習

練習，是讓知識深入各個層面的方法。閱讀能深入認知層次，「相愛部落格」能深入情感層次，而做練習能深入全面的層次，包含認知、情感與身體經驗。很多轉化，需靠養成新的行為習慣而產生，許多潛能開發的書都說，一個新行為，至少需連續做二十一天，於是你能養成一個新習慣，能讓新能量流替換舊的能量環境，形成的新神經鍵結足以取代舊路成為新的自發通路。

做練習吧！至少給每個練習一個機會，如果不喜歡就先擱下，去重複做那些你喜歡的練習，逐漸地本書會住在你心裡，在最需要的時刻，自動來支持你。附錄有練習登記表格，若你有需要請使用。

為什麼需要讀書會

你需要能共鳴的朋友。甚至，想要有個新的人生，你需要許多在愛中的新朋友。你需要找到能感受到幸福的人，成為你的讀書夥伴。你需要找到真心信任「幸福在我之內」的人，與你一起開啟這扇幸福的奧祕之門。你需要能傾聽你、讚嘆你生命的人，分享你在婚姻中的喜怒哀樂、悲歡離合。這些都要從組織讀書會開始。

你若喜歡，可以發出通知，說你要組成一個這樣的讀書會，邀請那些已經讀過書的朋友一起參加。也許，朋友又會帶來新朋友。於是，你們可以找到共通的時間、方便的地點，定期來舉行。久而久之，你能找到美好的同好者、支持團隊。以能量工作者的眼光來說，當你用愛組織一個團體，閱讀充滿愛的書，愛之流就會引導你們，聚集更多的愛成為核心凝聚力。於是，這本書就成了某種程度的身分認同——一群相信「幸福在我之內的實踐者」。

讀書會的模式

沒有特定模式，隨你們喜歡。三個人也行，六個人也不錯，十二個人就需要分組。每個小組每一次有個程序引導人，而每個人都是小組的帶領人。參與的人，可以有不說話的權利，但若大家都不說話，或有人覺得失去平衡，就需要提出來檢討。這既然是一本有關關係的書，小組內的平衡議題，小組內如何讓愛流動，甚至和平與釋放的呼吸練習，都可以用來支持讀書會組織的凝聚力。

你們只要訂出多久聚一次，一次聚多長時間，接下來，就會慢慢摸索出適合你們的進度。你們絕對要擁有小組的獨特韻律與進度，那能支持你們成長腳步的節奏。

硬要有什麼模式的話，我建議：

- 一開始，手牽手，做一次和平呼吸的練習。
- 結束前，輪流說謝謝或心中的感動。

婚姻是生命的奧祕之書，所以你需要陪伴圈圈

陪伴圈圈，是一群能相知相惜的人，凝聚成力量圈圈，陪伴彼此一步步通過生命的各項考驗。陪伴圈圈，可以有形也可以無形。有形的陪伴圈圈能定期聚會，會有很紮實的支持力量，力量凝聚時，幾乎是來到圈圈即使不一定要做什麼，回家時就能量飽滿。無形的圈圈，類似「相愛部落格」的讀者群，也許以暱稱留言，也許默默潛水，但因為分享同樣的故事，在心靈層次，用一種奧祕的方式連成一起，分享一樣的世界觀，逐漸在自己生活裡，吸引相似頻率的人來到自己身邊，這就是一種無形圈圈的支

持力量。

若你的讀書會進行了一陣子，彼此感受都很好。或者，你原來就有一群能相互了解的姐妹淘、品酒伴，也可以考慮是否能通過以下的考驗，決定形成陪伴圈圈。想參加陪伴圈圈的人，需要彼此原來就熟識，大致知道彼此的生命史，很深地信任各自的品格與質地。只要你們各自通過下列的考驗，有足夠的安全感，就可以組成陪伴圈圈。

信任考驗

請評估下列敘述中的量表（見下頁），填入1到10的分數。

如果，這個團體的每個人，得分都在60分以上，這群人就能凝聚成陪伴圈圈。如果大家的分數都差不多，只有少數人特別低，那麼為他開個聆聽會，聽他說說話。如果你們找不到這樣一個圈圈，兩個人也行，若你與配偶之間能相互信任，是最佳的兩人組。

項目	分數
我信任，無論我說什麼，在這個團體中都不會得到批評	
我信任，無論我說什麼，這個團體會盡心盡力來了解我	
我信任，當我哀傷恐懼時，我能在這個團體坦承以對	
在這裡，當我不想說話時，我能很自在地保持安靜	
我信任，我可以保有我獨特的意見，而不會受到排斥	
我信任，當衝突發生時，這個團體的人會秉持著覺知，為自己的感受負責	
我信任，這個團體是真誠的	
在這裡，每個人都會負起責任，讓團體中的每個人，分享到均衡的說話權力	
這團體的人，是我願意去聆聽的	
這團體的人，能讓我打開更開闊的視野，感受到生命的真實	

陪伴圈圈的原則

1. 遵守並維護以上十條考驗，讓愛成為這團體的凝聚與支持力。

2. 輪流與分攤：

⑴每人輪流當程序領導人。領導人負責發開課通知，並事先公告討論的主題，或分享的焦點。

⑵選擇一個場地，若在某人家裡，請記得依平衡法則給出回饋。若在外面，則輪流負責接洽。

3. 開場：用一個閱讀分享一個感動，或用一首情歌，來開始活動。

4. 說說看，關於本書的讀書心得，或是討論看不懂的地方。

5. 由和平與釋放呼吸的練習開啟說話圈圈。

6. 輪流說故事，順時針旋轉。

7. 每人說完故事後，團體的人可以給讚嘆或表達了解。

⑴若有疑問，可以在維持以上十條考驗的原則下進行。（注意時間）

⑵最好不要花太多時間，又說了各自的個人故事，這樣時間會很耗損。

8. 最好平均分配說話時間，不要太嚴格，但要有人監管時間。

9. 結束時，輪流說謝謝與感動。

陪伴圈圈可能的主題

- 概說我生命裡的幸福時刻。
- 概說我人格中，自然會得到幸福的特質。
- 概說我人格中，會破壞幸福的特質。
- 說說我的父親。
- 說說我的母親。
- 說說一直支持我的力量來源。
- 說說我小時候，得人疼愛的樣子。
- 說說我小時候，很辛苦才得到愛的奮鬥。
- 說說我生命裡最榮耀的時刻。
- 說說我生命裡刻骨銘心的痛。
- 說說我最愛的情歌，以及背後的愛情故事。
- 大致報告我的婚姻發展史。
- 說說我此段關係，我們如何彼此吸引。

♥說說我此段關係，我們如何體貼，各自守護的底線是什呢？

♥說說我與伴侶間最相親相愛的時刻。

♥說說我與伴侶間，最困難溝通的時刻。

♥說說我們家吵架的模式。

♥說說後來，我們如何學會各退一步的忍讓。

♥說說我的婚戀歷史裡，最有力量的時刻。

♥說說我的婚戀歷史裡，最大的學習與成長。

♥說說我生命裡最窮困貧乏的時候。

♥說說我生命中最能感受到豐盛的時刻。

♥說說在我們家，如何做決定？

♥說說在我們家，誰擁有什麼樣的權力，是怎麼發展出來的？

♥說說在我們家，最好的分工合作為何？

♥我的伴侶怎麼包容我？我怎麼包容他／她？

♥舉行一次看見平衡的排列團體吧！

♥說說我們家最棒的一次旅行。

♥說說在我們家，最好笑的時刻有哪些？

♥說說伴侶與我，一起為家庭奮鬥的歷史。

♥說說第一次當父母的經驗。

♥說說孩子出生以後，伴侶之間的關係有什麼改變？

♥說說我青春期的性探索。

♥說說在性議題，我曾經突破過怎樣的困難。

♥說說我在性中，感受到的性別力量。

♥說說我如何讓自己享受性生活。

♥說說我未完成的性幻想。

♥說說宇宙大愛與我的關係。

♥說說童年的傷口，以及後來我的成長。

♥說說我擁有什麼樣的諦念，在哪些時刻，我學會珍惜擁有。

♥說說婚姻裡，我們如何呵護著彼此的平衡。

♥說說婚姻裡，我們聊天與相互了解的方法。
♥說說婚姻裡，我們共同的夢想。
♥說說婚姻裡，我越來越多的和平。
♥說說在困難時刻，我如何感受對方的愛意。
♥說說那些受苦時刻，我後來發現了什麼樣的恩典或意義。
♥說說孩子們為這個家帶來的正向能量。
♥說說影響我最大的真理或一本書。

附錄1 練習紀錄表

✓	練習	練習狀況與心得
	從傷中醒來	
	放入成熟之愛的認知	
	寧靜而不抱怨	
	在恐懼裡游泳	
	帶入幸福的活動	
	和宇宙大愛連結 吃好能量的食物	
	排除舊能量	
	穩定情緒的飲食	

	給出道謝與愛能量	
	為生命迎入好能量	
	祈禱：讓宇宙大愛成為後靠	
	美好唱頌，與傷相遇	
	開啟神性之愛的唱頌	
	尋找身體中心並與神性相遇	
	邀請和平之光	
	預見和平	
	雙人和平呼吸	
	家族排列讀書會	
	平衡之流的每日檢視	
	家庭平衡會議	

附錄2 真愛魔法

這是有別於「幸福在我之內」的「真愛魔法」，這些法則可以在親密關係的溝通時派上用場。幸福在我之內若完成了，真愛魔法能為愛情的實踐帶來各種靈感。

真愛魔法1：所有的愛情困境背後都有自身的殘缺或幻覺，這時候需要的就是：擴展愛。

真愛魔法2：浪漫消逝，是我被束縛在狹隘的認同中，離開並冥想一個新狀態，讓愛回來。

真愛魔法3：所有悲慘的局勢，都有舊的痛苦參與，擴展愛把愛送給舊時的自己。

真愛魔法4：權力遊戲玩玩就好不當真。承認自己的陰影，然後離開，把「我們」放前頭。

真愛魔法5：用愛恨交織的語彙說出當下情感與情緒，然後知道：那不一定是全部的圖像。

真愛魔法6：締結就是真誠地用小我的殘缺與你相愛，覺知束縛而放棄捆綁。

真愛魔法7：當我能站在局外看見我的偏頗、看見我們的局勢，對立就消融了。

真愛魔法8：對療癒者而言，真實只會帶來力量與明晰，檢視你的療癒程度。

真愛魔法9：為了與你締結，當你給我，我會還你更多。當你傷害我，我會求補償但要求少一點。

真愛魔法10：我可以期待但不等待。當你不滿足我，我能放下期待並依然愛自己。

真愛魔法11：當給予時帶著覺知，盡量純淨地給出，若無法做到，就檢視自己。

真愛魔法12：我的創傷由你打開，但不因你而起，我愛自己並感謝你打開一個療癒的機會。

真愛魔法13：睜開眼睛，看見貢獻：靜心、時間、勞力、情感、智慧、資源、力量。

真愛魔法14：「寵你」與「愛我」，是編織愛情的經緯線。

真愛魔法15：永遠別忘記「我還想要更了解你」，打開話匣子，給出聆聽。

真愛魔法16：看見與記得，穿透所有的表象，直指內心深處的奧祕。

真愛魔法17：我們不是這樣而已，我們皆是更大更美好的存有，我們就是光與愛。

真愛魔法18：感謝與敬重，穿透層層人格，直接觸碰到靈魂——愛的根源。

真愛魔法19：局限於小我的限制中會遺忘愛情，想像力是翅膀，好玩與嬉戲喚醒愛意。

真愛魔法20：怪罪與指責是切斷關係的大刀，通常想切斷的是傷害與恐懼不是關係。

真愛魔法21：分手無妨視為關係的一部分，關係的結束也可以是祝福。

＊《真愛魔法》是一本書以及溝通卡片，可以作為本書的實踐工具，請在網路上搜尋「真愛魔法卡」。

【LIFE系列】

養出有力量的孩子（含冥想練習有聲CD）

王理書／著

父母之路，也是修行之路。在陪伴孩子成長的歷程裡，
我們與生命更靠近，我們越來越完整而成熟……

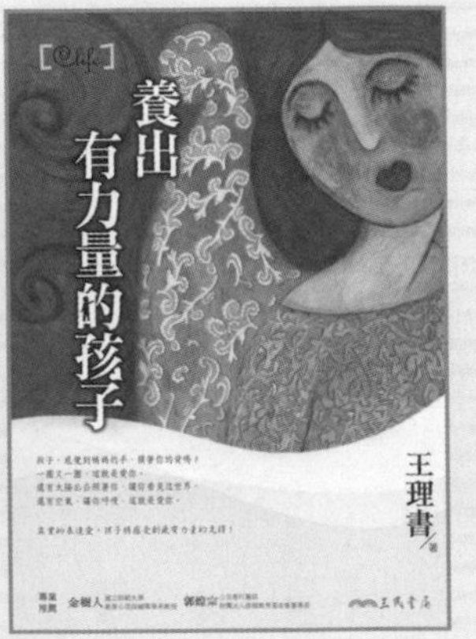

有別於一般親職書羅列各種有效管教孩子的技巧與方法，在本書中，作者以長年擔任親職輔導者和身為母親的融合角色，分享縝密整合後的親職理念，以及自身真實發生的親職故事。作者紀錄親職生活中的點點滴滴，親子間的對話有著生命的真實與純粹，讀來令人溫暖、感動、省思與成長。
沒有任何一本書能給父母教養孩子的標準答案。回歸到愛的方式，就是最有力量的教養之道，誠摯地邀請您一同進入這場豐盛的親職之旅！